Claudia Schönfeld

ERFÜLLUNG FINDEN

Claudia Schönfeld

ERFÜLLUNG FINDEN

12 Schritte,

um deine mentale Fitness zu steigern

und emotional zu reifen

Geschichten

Um die Anonymität der in den Geschichten

vorkommenden Personen zu wahren,

habe ich alle Namen geändert.

Impressum

1. Auflage 2023

Bibliografische Information der Deutschen Nationalbibliothek: Die Deutsche Nationalbibliothek verzeichnet diese Publikation in der Deutschen Nationalbibliografie; detaillierte bibliografische Daten sind im Internet über http://dnb.dnb.de abrufbar.

Texte   © 2023 Copyright by Claudia Schönfeld

Buchcover © 2023 Copyright by Louisa Schönfeld

Lektorat: Ruth Kalmund

Herstellung und Verlag: BoD - Books on Demand, Norderstedt

ISBN: 978-3-7386-1684-2

Danksagung

Von ganzem Herzen bedanke ich mich bei Chuck und Lency Spezzano, den ›Findern‹ der *Psychology of Vision*, bei Julie Wookey und Jeff Allen, seinerzeit Mastertrainer der *Psychology of Vision*, bei Sue Allen und all den anderen Trainern der *Psychology of Vision*, die mich in meinem Prozess unterstützt haben und maßgeblich an meiner Heilung beteiligt waren und es noch immer sind. Ohne sie wäre ich nicht dort, wo ich jetzt bin, und ohne sie würde es dieses Programm nicht geben.

Ich bin froh und dankbar, dass es den *Kurs in Wundern* gibt, von dem ich so viel lernen durfte und noch immer lernen darf.

Tausend Dank an meinen Mann, Dirk Schönfeld, meinen Töchtern und meinen Eltern, für all eure Liebe, dafür, dass ihr immer an meiner Seite wart, mich stets unterstützt habt und mit mir gewachsen seid.

Und ein großes Dankeschön an Art Read, meinen ersten Lehrer. In seinen Seminaren habe ich meine ersten heilenden, spirituellen Erfahrungen gemacht und den *Kurs in Wundern* kennengelernt.

Inhalt

I

Vorwort

Seit vielen Jahren kenne ich Claudia als Kollegin, Lehrerin und Freundin. In dieser Zeit waren unsere Wege zur Heilung häufig eng miteinander verflochten. Deshalb empfinde ich es als Ehre, dass Claudia mich bat, das Vorwort zu ihrem Buch zu schreiben.

Mutig und weise hat sich Claudia den eigenen Lebensherausforderungen sowie denen ihrer Familie und ihrer Freunde gestellt. Sie hat eine kraftvolle, intuitive Weisheit entwickelt, die Menschen zum Kern der Themen führt, die es zu konfrontieren und anzugehen gilt. Es ist eine Freude, mit ihr zu arbeiten und ein Segen, dass sie ihre Berufung erkannt hat.

Das Modell, das sie entwickelt hat, vereint die Erkenntnisse aus ihrer Arbeit mit diversen Gruppen zu den Themen der Suchtberatung, Beziehungscoaching mit der tiefen spirituellen Lehre aus dem *Kurs in Wundern*. Diese Kombination gibt Claudia die Tiefe und Weite, alle Herausforderungen zu überwinden. Das hat sie erfolgreich in ihrem eigenen Leben praktiziert. Diese Lebenserfahrung verleiht ihr die Autorität und das Mitgefühl, um anderen so liebevoll und erfolgreich zu helfen.

Ihre Arbeit ist für alle, die sich darauf einlassen, eine Quelle des Wissens, des Trostes und führt Schritt für Schritt zu wachsendem Bewusstsein, der Voraussetzung für Glück und Erfolg in unserem Leben. Ich weiß, dass ihre Arbeit vielen Menschen helfen wird, sich ihren Herausforderungen zu stellen und diese zu überwinden, um ein sinnhaftes und erfülltes Leben zu führen.

Ich möchte allen Leserinnen und Lesern Claudias Buch ans Herz legen und wünsche allen, die sich auf den Weg machen, ein glückliches Abenteuer der Heilung.

Jeff Allen

Einführung

Jeder Augenblick unseres Lebens bietet uns die Gelegenheit, uns erfüllt zu fühlen und unser Leben zu genießen, mit allem, was es zu bieten hat. Nur haben wir unsere eigenen, genauen Ideen und Vorstellungen davon, wie unser Leben sein sollte und sind unzufrieden, wenn es anders verläuft, als wir es wollen. Wir suchen dann außerhalb von uns nach etwas, was wir meinen zu brauchen, um unser Leben erfüllt zu leben. Und wenn wir es gefunden haben, dann hält unser Glück, das Befriedigungsgefühl, für einige Minuten und nur manchmal für Stunden oder länger an.

Und Sucht ist eine Dynamik, die uns immer mehr von uns selbst trennt. Unsere Ansprüche an uns und die Welt steigern sich immer weiter und in dem Ausmaß, in dem sich unsere Ansprüche steigern und wir versuchen, sie zu erfüllen, errichten wir Mauern um uns herum. Sie schirmen uns vor uns selbst und allen anderen ab. Das bewirkt, dass immer tiefer sitzende Ängste in uns zum Vorschein kommen.

Wir treffen dann unsere Entscheidungen aufgrund dieser Ängste und fordern immer mehr von uns, brennen dabei aus und oder fallen in ein tiefes Loch.

Diese 12 Schritte sind angelehnt an die 12 Schritte der *Anonymen Alkoholiker*. Sie führen uns über unsere innere Schwelle der Angst hinweg zu uns selbst, zurück in unser Zentrum. Sie sind eine Anleitung und ein Training, um wieder an Inspiration, Kraft, Leichtigkeit, Freiheit und Freude zu gewinnen und motivieren uns, am Ball zu bleiben, JA zu uns und unserem Leben zu sagen und unsere Entscheidungen aus dem Herzen heraus zu treffen.

Wie erfüllt unser Leben zurzeit ist, können wir daran erkennen, wie leicht es sich anfühlt und wie glücklich wir uns fühlen. Sind wir nicht vollkommen glücklich und erfüllt, befinden wir uns noch immer auf der Jagd im Dschungel unserer eigenen Welt.

Anhand der Geschichten kannst du erkennen, wie die Schritte praktiziert werden und welche Wirkung sie auf uns und unser Leben haben.

Du erfährst, wie wir unser (Selbst-)Bewusstsein und unseren Selbstwert steigern, indem wir unseren Fokus auf uns selbst gerichtet halten, während wir bereit sind, uns all den Herausforderungen, die uns begegnen, zu stellen und wie wir auf die Welt schauen, als wäre sie unser Spiegel. Wir lernen, die Reaktionen Anderer nicht länger persönlich zu nehmen, sondern sie als Chance zu nutzen, um all unsere Wunden zu heilen.

Wie wir an emotionaler Reife gewinnen, weil wir die Verantwortung für all die in uns aufkommenden Emotionen übernehmen, uns erlauben, all diese Gefühle zu fühlen und uns darin üben, der Versuchung standzuhalten, sie auszuagieren.

Wie wir uns öffnen, indem wir unsere starren Vorstellungen darüber, wie unser Leben sein sollte, loslassen und uns stattdessen an Prinzipien orientieren.

Wie unser Leben leichter wird, während wir blockierende Glaubenssätze, Konzepte und Strukturen entdecken, sie loslassen, im Hier und Jetzt dem Himmel vertrauen und uns für unsere Bestimmung öffnen.

Wie wir Erfüllung finden, weil der Weg unser Ziel ist.

Wie unser Leben friedlicher wird, weil wir Schritt für Schritt unsere Fähigkeit der Vergebung trainieren und allen, von denen wir uns verletzt fühlen, vergeben – einschließlich uns selbst.

Wie wir uns immer freier fühlen, indem wir uns aus alten Verstrickungen lösen.

Wie wir durch all diese Schritte neue Inspirationen empfangen, an Kraft gewinnen und lernen, unsere Wahrnehmung von unseren Ängsten auf die Liebe zu lenken.

Wie wir motiviert sind, weiter zu wachsen, weil wir durch unsere Hingabe zu uns selbst Spaß an unserem erfolgreichen Sein gewonnen haben und den Wunsch verspüren, uns spirituell weiterzuentwickeln und aufzuwachen.

Und wie durch Selbstliebe unsere Zwänge der Selbstaufopferung endlich mehr und mehr verschwinden.

Wir können diese Schritte immer wieder anwenden, für jede Herausforderung, jedes Problem, das uns begegnet oder einfach für alles, was gerade in unserem Leben ansteht.

Schreiben war eigentlich noch nie mein Ding und ein Buch schreiben schon gar nicht. Als mir in den 1980er Jahren eine Astrologin ein Karma Horoskop erstellte und mir vorhersagte, dass ich später einmal ein Buch schreiben werde, war ich neugierig, konnte es mir aber nicht wirklich vorstellen.

Erst in den 2000ern verspürte ich das erste Mal den Wunsch, ein Buch zu schreiben. Ich hatte gerade einige heftige Prozesse in meinem Leben durchlebt und war, anstatt vom Leben gebeutelt, hauptsächlich dank der Seminare der *Psychology of Vision*, gestärkt und mich sehr viel leichter fühlend, daraus hervorgekommen.

So glücklich darüber, nicht länger in irgendwelchen Sümpfen auszuharren und stattdessen in meinem Leben voranzukommen und immer mehr Freude zu empfinden als vor jeder Niederlage, hatte ich das unbedingte Bedürfnis, viele andere Menschen auf diese Arbeit oder auch Lebensart aufmerksam zu machen. Und dabei dachte ich dann an ein Buch.

Zu dem 12-Schritte-Programm wurde ich durch die *Anonymen Alkoholiker* inspiriert. Viele meiner eigenen Prozesse hatten mit Süchten zu tun. Ich selbst war immer co-abhängig, abhängig fühlte ich mich von Menschen oder äußeren Umständen.

Ich empfand mich vor allem als Opfer des Lebens, fühlte mich hilflos, ohnmächtig und gleichzeitig schuldig. Und hatte Angst, in meinem Leben voranzugehen. 2016 kam ich dann zu der Idee, die 12 Schritte der *Anonymen Alkoholiker*, anstatt auf die Sucht nach Alkohol, auf unsere Sucht, ein Opfer des Lebens und unseres Egos zu sein, anzuwenden. Seitdem unterrichte ich sie in kleinen Gruppen.

Ich war begeistert von der Auswirkung auf die Teilnehmenden und mich selbst.

Seitdem begleiten mich einige Teilnehmende schon mehrere Jahre.

Wir alle haben große Schritte in unserem Leben machen können und wachsen stetig weiter.

Schritt 1

Völlige Kapitulation

Mit der völligen Kapitulation ist der Augenblick in unserem Leben gemeint, in dem wir erkennen, dass wir keinen Handlungsspielraum mehr haben. Es gibt keine Möglichkeit mehr für uns, irgendetwas zu tun, praktisch oder geistig, und uns selbst, eine andere Person oder eine Situation für uns zu lenken. Nichts geht mehr! Es ist keine Form von Manipulation mehr möglich. Uns bleibt einzig die Situation, wie schmerzhaft sie sich auch immer anfühlen mag, anzunehmen und zu akzeptieren.

Es ist der wichtigste und wohl auch der schwerste Schritt. Aber es ist unser Schritt raus aus der Verleugnung und wieder rein ins Leben. Dieser Schritt öffnet uns für einen neuen und besseren Weg in unserem Leben. Er öffnet uns außerdem für den Teil in uns, den wir bisher wohl vernachlässigt haben: unsere Intuition, unser höheres Selbst.

Patrizias Untergang und ihre Kapitulation als Co-Abhängige

Es waren die leeren Bierdosen im Mülleimer, die Patrizia entdeckte, als sie den Müll rausbrachte. Genau die Marke, die ihr Mann immer trank. Hatte sie nicht vor Kurzem auch welche im Handschuhfach seines Autos gesehen? Noch stutzig und sich selbst fragend, was das alles bedeuten kann, ging sie zurück ins Haus, vorbei an seiner Jacke. Ganz automatisch, wie ferngesteuert, nahm sie seine Jacke vom Haken und fühlte die leeren Flachmänner, in jeder Tasche einen. Sie war wie erstarrt. »Nein, das kann nicht sein! Das darf nicht sein!« Sie wusste, dass er trinkt. Er hatte immer getrunken. Bier in jeder Pause und abends zusätzlich natürlich auch manchmal einen Schnaps nach dem Essen. Aber diese Flachmänner in der Jackentasche!

Für Patrizia war dies der Anfang des Untergangs und der Anfang ihrer Kapitulation.

Sie war wie versteinert, wusste nicht, wie ihr geschah. Überwältigt und völlig hilflos, blieb ihr nichts mehr, als sich einzugestehen, dass nichts mehr geht. Er war verloren und sie und die Kinder mit ihm. Wie konnte es nur so weit kommen und wie kann es jetzt bloß weitergehen, wie können sie weiterleben? Wie kann sie damit umgehen?

Ihre Aussichten waren mehr als düster. Die Gefühle der völligen Überforderung und der Machtlosigkeit waren überwältigend. Sie war wie gelähmt. Irgendjemand erzählte ihr von der Beratungsstelle für Frauen und einer Beratungsstelle für Angehörige anonymer Alkoholiker. In der Beratungsstelle für Angehörige sagte man ihr, dass sie nur bei sich selbst schauen kann, wie es ihr damit geht und

wie lange sie so mit ihrem Partner weiterleben könne und dass sie sich für sich entscheiden müsse.

Was würde das für sie bedeuten? Sie hatte ihren Job für die Kinder aufgegeben und war finanziell völlig abhängig von ihm.

Die nette Frau in der Beratungsstelle für Frauen versuchte ihr Hoffnung zu machen. »Die nächsten Monate können Sie mit Ihren Kindern vielleicht nur mit Nudeln mit Ketchup überstehen, aber es kommen auch wieder andere Zeiten.«

Die nächsten Monate waren sehr schmerzhaft für Patrizia. Die Gefühle des Verloren seins und der Hoffnungslosigkeit waren immer sehr stark spürbar, was auch immer sie machte oder unternahm. Während dieser Zeit halfen ihr Gespräche mit Freunden, Seminare und das indianische Ritual der Schwitzhütte. All das gab ihr die nötige Kraft, um weiterzumachen. Nur ging der Weg trotz allem immer weiter bergab. Licht war nicht in Sicht.

Es gab während dieser Zeit viele Momente, in denen sie sich von ihrem Partner trennen wollte. Doch geschafft hat sie es erst nach ungefähr einem Jahr. Nie hatte sie sich trennen wollen. Vielmehr wollte sie ihn retten, ihre Familie und sich selbst. Auch spürte sie, dass er sie noch liebte und von dem Zeug wegkommen wollte, doch scheiterte jeder Versuch einer ambulanten Entgiftung. Schließlich blieb ihr nichts anderes übrig, als ihn rauszuwerfen. Von diesem Moment an war sie gezwungen, ihr Leben mit den Kindern allein zu leben. Für Patrizia war das wohl die schlimmste Zeit ihres Lebens. All die schmerzhaften Gefühle nahmen kein Ende. Sie konnte nicht mehr aufhören zu weinen, schlief abends weinend ein und wachte nach drei Stunden weinend wieder auf. Immer wieder spürte sie die Versuchung, nach ihm zu sehen und ihm zu helfen. Sie tat es nicht. Sie kapitulierte und ließ los. Sie ließ alles los, vor allem ihren Kontrollmechanismus. Und das war ihrer beider Rettung. Nach fünf Tagen rief ein Freund an und fragte nach Ihrem Mann, ob sie wüsste, wo er sei. Er wollte zu ihm gehen und ihm helfen. Dieser

Tag war exakt der Tag, an dem Patrizia bei der Agentur für Arbeit saß und alle Hoffnungen, Pläne und Ideen ihrerseits aufgegeben hatte, sie hatte kapituliert und bat einmal mehr um Hilfe und war bereit, den nächsten Schritt in ihrem Leben zu gehen, ohne zu wissen wie.

Sophia kapituliert als verlassene Ehefrau

Sophia fühlte sich am Ende ihrer Kräfte und völlig überfordert. Sie wusste nicht mehr weiter, wusste nicht einmal mehr, wer sie überhaupt war. Sie war wie gelähmt und hatte das Gefühl, dass dieser Schock niemals endet. Erst vor einigen Monaten hatte sie ihr Mann für eine jüngere Frau mit Kindern verlassen. Mit vielen Dingen hatte sie in ihrem Leben gerechnet, nur nicht damit. Sie hatten es sich beide so schön in ihrem Leben eingerichtet. Sein Sohn ist erwachsen und inzwischen selbst Vater einer Tochter. Sie selbst hat keine Kinder. Ihre Mutter war schon vor einigen Jahren gestorben und fehlte ihr sehr. Der einzige Mensch, der ihr noch nahestand, ihr Vater, war sehr schwach und in einem Altenheim.

Familie gab es, außer einem Cousin, keine mehr. Zum Glück hatte Sophia noch zwei alte Freundinnen.

Es geschah zu der Zeit, als ihr Mann Henry in Rente gegangen war und sie ihre Arbeitszeit verkürzt hatte. Sophia hatte sich gerade von einem Burn-out erholt und sie waren gerade dabei, sich auf ihre gemeinsame Zeit als Rentner vorzubereiten. Das Paar hatte seine große Wohnung gegen eine kleinere Wohnung getauscht und diese gerade gemütlich eingerichtet, als er ihr eines Abends beim Essen mitteilte, dass er sich schon seit Monaten mit dieser Frau traf, während sie arbeitete.

Es traf Sophia wie ein Schlag. Schließlich waren sie schon seit 20 Jahren zusammen und seit 10 Jahren verheiratet. Wäre es eine Affäre, könnte sie damit leben, dachte sie. Er machte ihr allerdings sehr deutlich, dass er mit dieser neuen Frau und ihren Kindern leben möchte. Okay, sie hatten einige Probleme in ihrer Ehe und befanden sich schon seit einiger Zeit in der toten Zone, auch wenn sich gerade etwas änderte. Wirkliche Nähe fehlte jedoch.

Völlig benommen bat sie ihn, die noch anstehende gemeinsame Urlaubswoche in einem schönen Hotel im Süden mit ihr zu verbringen. Sie würde gerne noch einmal ganz in Ruhe mit ihm über alles sprechen, auch darüber, wie es weitergehen würde, wie sie alles auseinander definieren könnten.

Sie erhoffte sich, in diesen Ferien klar darüber zu werden, wie sie mit ihm weiterleben könne, vielleicht sogar insgeheim, ihn irgendwie halten zu können. War es möglich, überhaupt befreundet zu bleiben? Und was war mit seinem Sohn und dessen kleiner Tochter? Würden sie sich weiterhin sehen können?

Als er neben ihr im Hotel auf dem Bett saß und mit seiner neuen Freundin chattete, hatte sie das Gefühl, zu sterben. Sie erniedrigte sich selbst und bettelte, flehte ihn an, bei ihr zu bleiben. Es half nichts. Sophia blieb nichts anderes, als zu kapitulieren.

Sie spürte, wie dieser große Teil in ihr starb. Nun war die Zeit gekommen für einen Neuanfang, einen Neustart ihres eigenen Lebens.

Johannas Kapitulation vor dem Krebs

Johanna kapitulierte vor dem Krebs, als sie das zweite Mal die Diagnose Krebs erhielt.

Das erste Mal lag schon einige Jahre zurück. Damals war es Hautkrebs. Ein schwarzes Melanom. Das war schon sehr dramatisch, denn dafür gab es keine Therapie. Es hieß, dass es, wenn sich Metastasen bilden würden, keine Behandlung und auch keine Heilung gäbe.

Dieses Mal war es Brustkrebs.

Johanna und ihr Mann waren im Wartezimmer der Radiologie und warteten auf das Ergebnis der Gewebeprobe. Ihr Mann und sie hatten kein gutes Gefühl. Johanna suchte nach Leichtigkeit und versuchte sich einzureden, dass diese Biopsie mehr als Vorsichtsmaßnahme gemacht wurde, um ausschließen zu können, dass es Krebs ist. Es nützte nichts, die Unruhe, die sie beide spürten, war da und blieb.

Der Schock war dennoch gigantisch, als die Ärztin ihnen mitteilte, dass es sich um einen noch kleinen, aber schnell wachsenden Tumor handelt und man ihr vielleicht schon vor der Operation zu einer Chemotherapie raten würde. Es gab allerdings noch ein weiteres Untersuchungsergebnis, das noch ausstand.

Die Tränen schossen nur so aus Johanna heraus, sie war unfähig zu sprechen. Brustkrebs! Chemotherapie! Und vielleicht ist das sogar ihr Ende.

Schon der Gedanke an die Chemotherapie war schwer zu ertragen. Und die Vorstellung, dass dies das Ende ihres Lebens sein könnte, ließ sie in den nächsten zwei Tagen nicht los. Immer wieder musste sie daran denken, dass die kommenden Wochen die letzten sein könnten, die sie mit ihren Kindern und ihrem Mann verbringen würde. Sie wusste, dass es gut und richtig war, diese Gefühle zuzulassen, die Tränen laufen zu lassen und gleichzeitig hatte sie Angst, dadurch genau das herbeizusehnen, wovor sie sich fürchtete. Auch diese Angst wollte gefühlt werden. Es war ihr Mann, der sie rettete und es einfach nicht zuließ, dass sie sich von der Angst runterziehen ließ. Er forderte sie auf, mit ihm auf die Geburtstagsparty einer Freundin zu gehen und schon in diesem Moment weiter am Leben teilzuhaben und das Leben trotz allem auch etwas zu genießen. Da die Situation jetzt war, wie sie war und sie in dem Moment nichts daran ändern konnte, außer sich ihr zu ergeben, ging sie daher mit ihm auf die Party und es tat ihr gut.

Emils völlige Kapitulation

Emil hatte schon mehrere ambulante Entgiftungen hinter sich, aber er hatte nur eine davon bis zum Ende durchgezogen. Es nützte alles nichts. Er war einfach zu gut im Manipulieren und konnte den Ärzten vormachen, was er gerade wollte. Sie nahmen es ihm ab.

Aber es ging ihm nicht gut, er war am Ende. Wie gerne würde er aufhören können zu trinken, allein schon für seine Tochter. Er war so tief gesunken, dass er keinen Ausweg mehr für sich sah. Es waren schon Jahre, in denen er nicht mehr ohne Alkohol sein konnte. Nachts stand er auf, um sich bei der nächsten Tankstelle eine Flasche zu holen, in der Hoffnung, dann weiterschlafen zu können.

Emil wollte nur das Beste, besser gesagt ›das Allerbeste‹ für sich und seine Familie, und dafür hatte er alles gegeben. Er hatte sich aufgeopfert in dem Glauben, er würde alles geben, was er zu geben hatte. Das war ihm am Anfang nicht bewusst, als er den Job als Prokurist und Teilhaber in der Firma angenommen hatte. Aber als er nach Jahren langer Arbeitstage von zehn bis zwölf Stunden täglich dabei war, sich in den Burn-out zu befördern, sah er keine Möglichkeit mehr, aus dem Karussell auszusteigen. Er liebte seinen Job und arbeitete immer noch gerne. Auch gab ihm der Job das Gefühl, genug Geld zu verdienen, um sich und seine Familie zu ernähren und sie zusätzlich sehr gut finanziell für die Zukunft abzusichern.

Sein Chef hatte ihn mit dem Geld gelockt und ihm versprochen, sich zusätzlich um die Finanzierung seiner Anteile zu kümmern – und Emil hatte ihm blind vertraut. Er brauchte sich um diese Dinge keine Sorgen mehr zu machen.

Emil hatte sich von seinem Chef abhängig gemacht, in dem Glauben, dass er ›das Richtige‹ tat.

Nur funktionierte die manipulierte Geldmaschinerie seines Chefs nicht so richtig. Es fühlte sich schon so an, als ob das ganze Geld, was Emil in die Anlagen investierte, die sein Chef organisiert hatte, irgendwo versickerte. Das war zu viel für Emil. Er konnte diesen Druck nicht mehr aushalten. Sein böses Erwachen war nicht nur die Tatsache, dass das Geld irgendwie verschwand, er spürte außerdem, dass er diesem Druck längst verfallen war und den Alkohol brauchte, um die Tage zu überstehen.

Jetzt war er nicht nur von seinem Chef abhängig, sondern auch noch vom Alkohol.

Emil verließ die Firma und versuchte selbstständig zu arbeiten. Das funktionierte anfangs noch ganz gut, doch leider auch nur mit Alkohol, den er immer noch brauchte, um überhaupt zu funktionieren. Und natürlich brauchte er immer mehr davon, um weiterzumachen. Hier war er nun, gefühlt gefangen in diesem Teufelskreis der Abhängigkeit. Wie könnte er da nur jemals wieder herauskommen? Das war die Frage, die Emil sich immer wieder stellte und auf die er absolut keine Antwort wusste.

Er stürzte noch tiefer ab. Seine Frau trennte sich von ihm und Emil ertrank wortwörtlich. Er wusste keinen Ausweg mehr und kapitulierte. Er gab sich nicht auf, er bat um Hilfe und gab sich dem Leben hin.

Schritt 2

Glauben

Nach dem ersten Schritt befinden wir uns gefühlt am Boden, auf unseren Knien. Dies ist der beste Ort, um unseren Schweinehund von der Leine zu lassen und bereit zu sein für einen neuen Weg, für unseren wahren Lebensweg.

Bisher glaubten und folgten wir meistens unserem Ego und glaubten an das Ego des anderen. Das ist unsere Ego-Art und Weise, zu sein. Unser Ego ist auf Trennung aus, versucht uns getrennt von uns selbst zu halten und uns immer weiter aus unserer Mitte zu entfernen. Deshalb fühlen wir uns als Individuen von anderen getrennt und nehmen auch uns selbst als getrennt wahr. Von hier aus, von unserem getrennten Sein aus, beurteilen wir die Welt als furchteinflößend und beängstigend und nehmen sie auch genauso wahr.

Stehen wir beispielsweise vor einer neuen Herausforderung, einem neuen Schritt in unserem Leben, kommen typischerweise Gefühle des Überfordertseins, des Alleinseins, der Hilflosigkeit, nicht gut genug zu sein oder den Ansprüchen nicht zu genügen in uns hoch und wir glauben dann, dass wir genau das sind. Überfordert, hilflos, allein und nicht gut genug und den Ansprüchen nicht genügend. Fühlen wir uns als Versager, sind wir auch schnell dabei zu glauben, dass wir Versager sind. Wir fühlen uns klein in einer für uns zu großen Welt.

Wir glauben an Mangel, wenn wir etwas von uns geben und es dann nicht mehr haben.

Um an die Liebe zu glauben und unserem Herzen zu folgen, ist es nötig, nur die Liebe zu wollen und nichts anderes. Wenn wir nichts anderes als die Liebe wollen, können wir unsere innere Stimme, die für Gott, für die Liebe zu uns spricht, hören und ihr folgen. Wir folgen dann unserem Höheren Selbst, das uns verbunden halten will. Es lässt uns erkennen, dass wir verbunden sind, umgeben von der Liebe und von Gott, der allen alles gibt. Wir werden uns endlich unseres wahren Selbst bewusst. Sind wir uns selbst bewusst, fühlen wir uns geliebt und investieren so auch in unseren Glauben an Fülle. Das lässt uns zuversichtlich sein und öffnet uns dafür, großzügig zu sein und zu geben – und unsere Bereitschaft, zu geben, öffnet uns dafür, empfangen zu können.

Wir sind in unserem Herzen, unsere Liebe und unser Licht sind es, was uns wahrhaftig ausmacht. Doch gab es im Leben eines jeden von uns einen Moment, in dem wir unseren Glauben, den Glauben an uns selbst, an das Göttliche in uns und den Glauben an die Liebe an den Nagel gehängt haben und stattdessen anfingen, unser Ego anzubeten und ihm zu folgen.

Wie Antonia ihren Glauben an sich aufgab

Wenn Antonia sich zurückerinnert, fällt ihr wohl die schlimmste Zeit ihres Lebens ein, in der sie, wie sie meint, ganz bestimmt ihren Glauben an sich aufgegeben hatte. Antonia war 13 Jahre alt, als sich ihre Eltern scheiden ließen. Das war wie ein Schlag in ihrem Leben, der rückblickend schon viel zerstörte. Der zweite Schlag folgte nicht sehr viel später. Als sie gerade 15 wurde, kam auch noch ihre kleine Schwester bei einem Autounfall ums Leben. Ihre schöne heile Welt brach für sie zusammen. Sie war geschockt und alles um sie herum war plötzlich nur noch dunkel. Sie nahm wahr, dass sie vor allem Angst hatte. Sie mochte nicht mehr allein zu Hause sein, hatte in der Schule im Turnunterricht Angst, über den Bock zu springen, selbst dann, wenn er ganz niedrig eingestellt war. Sie hatte Angst, am Friedhof vorbeizugehen und im Dunkeln allein draußen zu sein.

Sich zurückerinnernd, fühlte sich diese Dunkelheit schon damals an wie die Dunkelheit, die sie aus noch früherer Zeit in ihrem Leben kannte, aus noch früherer Kindheit. Es fühlte sich genauso an, wie zu der Zeit, als sie und ihre Schwester abends im Bett lagen und ihre Eltern streiten hörten. Nur hatte sie sich dann ihre Decke über die Ohren gezogen und dieses bedrohliche, beängstigende Gefühl, das in ihr hochkroch, verdrängt.

Die glückliche Familie, in der sie sich wohl und gehalten fühlte, gab es nun nicht mehr. Gefühlt war es nur ein kurzer Moment mit zwei Schlägen und Antonia und ihre Mutter waren nur noch zu zweit.

Und das war immer noch nicht alles. Antonias Mutter konnte den Schmerz, ihre kleine Tochter verloren zu haben, nicht ertragen und versuchte, ihn mit Valium zu betäuben. Sie sagte Antonia, dass sie am liebsten nicht mehr leben wollte und eigentlich nur noch für

Antonia weiterlebt. Antonia war so froh, ihre Mutter noch zu haben. Der Gedanke, jetzt plötzlich ganz allein zu sein, machte ihr große Angst.

Dennoch war und fühlte sich Antonia allein, denn ihre Mutter konnte den Schmerz darüber, ihre Tochter verloren zu haben, nicht aushalten. Sie betäubte ihn dann mit Alkohol.

Auch Antonias Vater trank mindestens das erste Jahr nach dem Verlust der Schwester mehr als gewöhnlich und Antonia fühlte sich jetzt ganz allein. Sie wusste absolut nicht mehr weiter. Sie nahm sich vor, von jetzt ab alles zu tun, um ihrer Mutter das Leben wieder lebenswert zu gestalten. Sie tauschte praktisch ihr Leben und ihren Glauben an sich selbst gegen einen Glauben an ein Opferdasein ein. Sie entschied sich dafür, von nun an alle ihre Entscheidungen nur noch nach ihrer Idee davon, was ihre Mutter wohl glücklich und ihr Leben wieder lebenswert machen würde, zu richten. Antonia strich ihr ganzes bisheriges Leben einfach aus ihren Erinnerungen und vergrub ihren Glauben an sich zusammen mit ihrer Einsamkeit tief in ihrem Unterbewusstsein. Antonia war co-abhängig.

Anna konnte ihren Glauben an sich wieder herstellen

Anna hat das Gefühl, dass sie ihren Glauben an die Liebe schon aufgegeben hatte, als sie zwei Monate alt war.

Sie war drei Monate alt, als sie in ein Kinderschutzhaus kam. Ihre Mutter war in den ersten drei Lebensmonaten von Anna allein mit ihr. Sie wusste, dass es für sie ein Wunder brauchte, um Anna allein zu versorgen und großzuziehen. Annas Mutter hatte gesundheitliche Probleme und war schon mit ihrem eigenen Leben völlig überfordert. Wie sollte sie dann noch für ein Kind da sein? Also fühlte sie sich gezwungen, Anna schweren Herzens wegzugeben. Natürlich kann Anna sich nicht mehr genau daran erinnern, was zu der Zeit vor sich ging, als sie zwei Monate alt war. Intuitiv wusste sie aber, dass sie zu dieser Zeit nicht nur ihren Glauben an die Liebe, sondern auch noch ihre Hoffnung aufgegeben hatte.

Als sie neun Monate alt war, wurde Anna von einer Familie aufgenommen und adoptiert. Ihre Adoptivmutter erzählte ihr, dass sie zu der Zeit völlig phlegmatisch war. Anna hatte alles mit sich machen lassen. Ihre ersten Regungen zeigte sie, als sie ihre Adoptivfamilie kennenlernte. Für ihre Erzieher aus dem Kinderschutzhaus war das ein Zeichen dafür, dass die Familie wohl die richtige für Anna sein könnte.

Inzwischen ist Anna erwachsen und hat dank ihrer neuen Familie den Glauben an sich, an die Liebe und das Leben zu einem großen Teil wiederherstellen können.

Paulas Glaube an ihren Mann rettete sie beide

Paulas Mann war Alkoholiker. Er war schon immer ein Mann, der gerne Alkohol trank. Nur hatte er inzwischen Probleme bei der Arbeit und zusätzlich hatte sich ein großer Berg Schulden angehäuft. All das belastete sie beide. Paula wusste, dass er sich bemühte, mit seinen Problemen fertig zu werden und die Schulden zu tilgen. Irgendwann sah er dann wohl keinen Ausweg mehr. Er trank immer mehr. Paula hatte das Gefühl, als hätte er sich aufgegeben und vollkommen dem Alkohol hingegeben. Sein Trinken wurde exzessiver und er funktionierte nur noch, wenn er etwas getrunken hatte.

Paula konnte das alles nicht mehr aushalten. Sie stritten nur noch. Paula hatte Angst. Sie sah absolut keinen Ausweg mehr aus dieser Situation und fühlte sich völlig überfordert und ohnmächtig. Dennoch konnte sie unter all diesen Gefühlen seine Liebe für sie spüren. Sie konnte fühlen, dass er bei ihr bleiben wollte und auch sie wollte nur allzu gerne mit ihm zusammenbleiben.

Aber das schien, realistisch gesehen, wohl aussichtslos. So traurig es auch war, es sah nicht mehr so aus und es fühlte sich auch nicht mehr so an, als würde er je mit dem Trinken aufhören können.

Trotz allem wollte sie ihren Glauben an ihn nicht aufgeben und es gelang ihr, ihn in nur zwei sehr kurzen Augenblicken mit einer Tasse Tee in der Hand vor ihrem inneren Auge zu sehen.

Heute weiß Paula, dass es diese zwei winzigen Augenblicke mit dieser positiven Vision waren, die sie – zusammen mit seiner Liebe zu ihr – weiterhin an ihn glauben ließen.

Paulas Mann schaffte es tatsächlich, vom Alkohol loszukommen.

Allerdings war es nötig, dass Paula ihren Mann wirklich losließ. Sie musste sich sogar von ihm trennen – und das ohne einen Hintergedanken, ohne jegliche Hoffnung auf ein Happy End jeglicher Art. Dieses Loslassen bedeutete, dass Paula sich vollkommen aus ihrer Abhängigkeit von ihm und einem Leben mit ihm löste und sich nur darauf fokussierte, wie sie ihr Leben ohne ihn weiterleben könnte. Dieser Gedanke war für Paula nur schwer auszuhalten, hatte sie doch die ganzen letzten Jahre keine Entscheidungen allein treffen müssen. Sie brauchte auch kein Geld zu verdienen und jetzt, mit Ende vierzig, wieder damit anzufangen, erschien ihr wie ein nicht zu überquerender Berg.

Okay, sie könnte sich einschränken, das war nicht das Problem. Das Problem war eher die Frage, wo sie einen Job herbekommen sollte.

Paula stellte sich ihrer Herausforderung und sagte JA. Sie ging ihre Schritte in sich und tat für sich, was auch immer ihr einfiel, um ihr Leben für sich wieder in eine positive Richtung zu lenken – und Paula bekam ihr Happy End! Alle Dinge fielen an ihren Platz.

Paula hatte den Glauben an sich und an ihren Mann nicht aufgegeben. Sie fand einen Job in ihrem Traumberuf und ihr Mann entschloss sich zu einer Entziehungskur und kam im Anschluss daran zu ihr zurück. Auch er konnte beruflich neu durchstarten und ist heute trocken, gesund und gut drauf. Ihre Beziehung ist heute gefestigt und besser denn je.

Schritt 3

Hingabe

Hier geht es darum, jeglichen Widerstand aufzugeben und sich dem Leben mit all dem, was es uns zu bieten hat, zuzuwenden. Ganz so, wie der Philosoph Rumi in seinem Gedicht *Das Gasthaus* sagt: »... ein menschliches Gasthaus sein und jeden Morgen eine neue Ankunft willkommen heißen. Freude, Depression, Bedeutungslosigkeit oder ein ganzes Bündel Sorgen. Lade alle zu dir ein.«

Wir sagen zu allem und jedem Ja und sind bereit, all unsere Rollen, hinter denen wir uns mit unserer Wut, Unsicherheit, unseren Urteilen, Schuld- und Versagensgefühlen, versteckt haben, loszulassen, frei zu sein und uns dafür auf unsere ganz eigene Art und Weise mit unserem ganzen Sein der Welt zuzuwenden.

So sagen wir beispielsweise Ja zu unserer Partnerin/unserem Partner und wenden uns ihr oder ihm zu. Und jedes Mal, wenn wir ihr oder ihm etwas näherkommen und schmerzhafte Emotionen, die zwischen uns stehen, in unserem Bewusstsein an die Oberfläche kommen, bleiben wir verbunden und sagen ein weiteres Mal »Ja«.

Sabine heißt ihr Misstrauen willkommen

Thea stand ihrer Freundin Sabine schon lange mit Misstrauen gegenüber.

Sabine war jedoch noch nicht bereit, ihr eigenes Misstrauen willkommen zu heißen.

Sie hatte das Gefühl, dass ihre Freundin Thea ihr nicht mehr vertraute. Thea ließ sie schon seit längerem nicht mehr an sich heran. Sie wahrte eine Distanz, die sich für Sabine komisch anfühlte und ihr gar nicht gefiel.

Sabine fühlte sich von Thea kontrolliert und bemerkte gleichzeitig auch, dass Thea sich selbst auch kontrollierte. Thea wog fast immer alles ab, bevor sie sich entschied, mit ihr darüber zu sprechen, und manchmal bremste Thea Sabine im Gespräch sogar aus, blockte sie einfach ab.

Sabine fühlte sich von ihrer Freundin nicht mehr gesehen, geschweige denn geschätzt. Sabine hatte eher das Gefühl, dass ihre Freundin mit ihrer Art über sie drüber marschierte, und das tat ihr weh. Sabine hätte am liebsten Abstand genommen, eine Pause eingelegt, sie zog sogar eine Trennung in Betracht. Alles andere erschien ihr gerade viel zu anstrengend und zu schmerzhaft.

Andererseits konnte Sabine nicht aufhören, an Thea zu denken. Sie erwischte sich immer wieder dabei, wie sie sich für ihre Gedanken, eine Pause zu wollen, vor sich selbst rechtfertigte.

Wenn Sabine an Thea dachte, fühlte es sich so an, als hätte Thea ihr Herz verschlossen. Dabei erinnerte Sabine sich daran, dass es noch gar nicht so lange her war, dass Thea ihr von ihrer traumatischen Erfahrung in ihrer Beziehung erzählte.

Diese Erinnerung öffnete Sabines Herz. Es gelang Sabine, sich in Thea einzufühlen und sie verstand, dass ihre Freundin sich im Allgemeinen gerade in einer Abwehrhaltung befand, weil sie Angst hatte, wieder verletzt zu werden. Das erklärte auch ihr vorsichtiges und misstrauisches Verhalten ihr gegenüber.

Sabine gelang es, Theas Verhalten ihr gegenüber nicht länger persönlich zu nehmen. Sie spürte, wie sie selbst mit ihrer Ungeduld und ihren Rückzugswünschen die ganze Zeit über Thea drüber marschiert war und sie allein gelassen hatte, anstatt dem Prozess und auch Thea zu vertrauen und sich ihrer Freundin mit Geduld und Liebe zuzuwenden.

Sabine entschied sich, Thea wieder wichtiger zu machen als ihr Ego, mit all seinen Erwartungen. Diese Entscheidung hob ihr Gefühl für Thea noch mehr an und es fühlte sich jetzt auch wieder leichter an, Thea zu sagen, wie sie sich fühlte, ohne dass Thea sich angegriffen oder ausgeschlossen, sondern sich als Vertraute und geliebte Freundin fühlen würde.

Felix und Sarah sagen »Ja« zur Insolvenz

Beide erinnern sich noch sehr genau an den Morgen, als sie gemeinsam in der Küche saßen und überlegten, wie es weitergehen sollte.

Sie waren dabei, sich der Herausforderung zu stellen, den Schuldenberg abzutragen. Sie hatten schon mehrere Kredite aufgenommen, aber die Zeiten, ein finanzielles Loch mit einem anderen zu stopfen, waren definitiv vorbei.

Felix hatte mit Aktien gedealt. Eine Zeit lang ging das sogar richtig gut. Bis der Aktienmarkt über Nacht zusammenbrach und er alles verlor. Er suchte dann auch manchmal sein Glück im Spielcasino und hatte sogar auch einige hundert Euro gewonnen. Nur leider war das wie ein Tropfen auf den heißen Stein. Da saßen sie nun mit dem Schreiben vom Finanzamt, in dem die von ihnen angebotene Summe, die Schulden monatlich abzuzahlen, abgelehnt wurde. Irgendwie war es auch schon klar, denn sie hätten es mit dem Betrag, den sie zahlen konnten, in diesem Leben nicht mehr geschafft.

Gemeinsam gingen sie das Worstcase-Szenario durch und sie hatten tatsächlich einige Ideen. Als Erstes würden sie sich eine kleinere, günstigere Wohnung in der Nähe suchen, sodass die Kinder in ihren Schulen bleiben können. Felix dachte daran, an den Wochenenden auf Flohmärkten altes Zeug zu verkaufen und Sarah war dazu bereit, an einigen Abenden wieder kellnern zu gehen. Der Druck verflog bei diesen Gedanken und es fing sogar an, Spaß zu machen, neue Wege zu finden.

Als Nächstes stand für sie ein Termin bei dem Rechtsanwalt, den ein Freund empfohlen hatte, an. Trotz ihres Worstcase-Szenarios war ihnen beiden mulmig zumute.

Dieser Rechtsanwalt entpuppte sich jedoch als rettender Engel. Er leitete die beiden durch dieses tiefe Tal, sodass keine ihrer schlimmen Szenarien eintrat. Sie sahen Licht am Horizont und der Weg ging sich sehr viel leichter, als sie es zu hoffen wagten.

Johannas »Ja« zu ihrem Brustkrebs

Für Johanna war es wie ein Wunder, nach dem Schock der Diagnose Krebs, der sie gefühlt in die Knie zwang, als sie das zweite Ergebnis der Biopsie bekam und erfuhr, dass ihr Krebs auf Hormone anspricht und sie sich vor der Operation doch nicht einer Chemotherapie hingeben musste.

Johanna hatte kapituliert und die Diagnose Brustkrebs akzeptiert. Sie hatte jetzt auch den Gedanken an die Chemotherapie akzeptieren können. Sie wusste, sie war nicht allein. Ihr Mann unterstützte sie, und vor allem glaubte er an sie und an ihre Heilung. Dennoch hatte sie Angst vor der Therapie und sie konnte diese Angst und diese Fragen, die in ihrem Geist herumschwirrten, nicht abstellen. Fragen wie: Wie würde sie die Therapie vertragen? Wie würden sich ihre Kinder mit ihr fühlen? Würden ihre Kinder sehr leiden, wenn sie ihre Mutter leiden sähen? Wie könnte sie ihre Arbeit bewerkstelligen? Würde sie alle Haare verlieren? Würde sie Schmerzen haben? Würde sie die Therapie überhaupt überleben? Oh je, diese Gefühle der Unsicherheit und Angst waren kaum auszuhalten.

Das Wunder für Johanna war die Nachricht nach der Operation, dass sie doch erst einmal gar keine Chemotherapie brauchte. Johanna fühlte sich wie von Engeln getragen, als sie das erfuhr. Was für eine Erleichterung!

Auch Patrizia sagte »Ja«

Auch Patrizia hatte »Ja« zu ihrem Mann gesagt und es war ihr aufrichtiger Wunsch, ihn heil und gesund zu sehen. Niemals hatte sie sich von ihm trennen wollen, auch wenn ihr in ihrem gemeinsamen Leben schon so oft danach zumute war. Vielleicht hätte sie es auch getan, wären da nicht die Kinder. Natürlich wusste sie, dass es den Kindern genauso wenig guttun würde, wenn sie ihretwegen mit ihrem Mann zusammenbleiben würde, statt sich von ihm zu trennen. Sie kannte beides. Ihre Eltern hatten sich getrennt und die Eltern ihres Mannes waren nur seinetwegen zusammengeblieben und führten heute eine ziemlich tote Beziehung. Sie hatten bei ihrer Heirat zwar »Ja« zueinander gesagt, aber lebten dieses Ja schon lange nicht mehr. Aus dem Ja für den anderen ist ein ›ich muss‹ geworden, weil sie sich eben einmal das Jawort gegeben hatten.

Patrizia wusste nicht, wieso sie dabeibleiben wollte. Sie hatte sich für ein schönes Leben mit ihrem Mann entschieden und dazu Ja gesagt. Sie hatte aber auch Ja zu ihm gesagt – in guten wie auch in schlechten Zeiten. Dass das Leben mit ihm gerade nicht schön war, war nicht der Grund, weshalb sie ihn rausgeworfen hatte. Der Grund war, dass es so einfach nicht mehr weiterging. Sie sagte also »Nein« und dieses Nein kam genauso aus tiefstem Herzen wie ihr Ja zu ihm, auch wenn es ihr damals nicht bewusst war. Dieses Nein war ihr Nein zu seinem Ego und ihr Ja zu ihrem Mann, zu seinem höheren Selbst. Es fühlte sich zumindest gut an, kein Opfer ihres eigenen Egos mehr zu sein.

Schritt 4

Vergeben

Jetzt beginnen wir, in unserem Inneren aufzuräumen. Wir kommen unserem Ego auf die Schliche und schauen dafür mutig nach innen, in die dunklen Ecken unseres Geistes und finden heraus, welche unserer Bedürfnisse, angetrieben von unserer Angst, wir bisher so genutzt haben, um auf unserem Egopfad zu bleiben und aus unseren Fehlern unsere persönliche Masche zu stricken. Denn solange wir uns unsere Fehler und unsere Masche nicht anschauen, sind sie uns ein Dorn im Auge.

Zuerst blicken wir auf unsere Blockaden, die wir uns aufgebaut haben, um nicht nach innen zu schauen. Wir wollen Nähe, wollen vergeben – und wollen es doch nicht. Unsere Widerstände sind so groß, dass wir steckenbleiben und nicht weiterkommen.

Wir finden unsere Blockaden in den Beziehungen, in denen wir uns unsicher fühlen, uns Sorgen machen, Angst haben, uns niedergeschlagen fühlen und uns selbst bemitleiden. Es ist diese Unsicherheit, aus der heraus wir immer wieder unserem Ego hörig sind und uns dann in Schwierigkeiten wiederfinden.

Clara möchte ihrer Schwiegermutter vergeben

Meiner Schwiegermutter vergeben?! Wie oft fragte sich Clara, wie das wohl gehen soll. Immer wieder hatte sie es versucht, während unzähliger Seminare und auch sonst. Und manchmal hatte sie auch das Gefühl, sie hätte es geschafft, ihr zu vergeben. Dieses Gefühl währte allerdings nur so lange, bis der nächste Klopfer ins Haus stand. Clara tat sich selbst leid, weil sie so eine typische klischeehafte, böse Schwiegermutter hatte, wie sie im Buche stand.

Ihre Schwiegermutter hatte nie aufgehört, sich über Clara hinwegzusetzen, selbst in Claras Zuhause hatte sie sich aufgeführt, als wäre es ihr eigenes Zuhause, und Clara das Gefühl vermittelt, als wäre sie dazu da, sie zu bedienen und für sie zu sorgen. Ihre Schwiegermutter hat sich so gut wie nie an die Absprachen mit Clara gehalten, die sie gemeinsam getroffen hatten; sie hat versucht, Clara bei ihrer eigenen Mutter schlecht zu machen und ihren Vater gegen sie aufzuhetzen. Was dann das Fass zum Überlaufen brachte, war der Versuch der Schwiegermutter, Claras eigene Kinder gegen sie aufzuhetzen.

So sehr sie sich auch bemühte, Clara konnte diese Angriffe weder vergeben noch vergessen.

Erst als ihre Schwiegermutter im Sterben lag, gelang es ihr, durch ihr eigenes Ego hindurch und durch das Ego ihrer Schwiegermutter zu schauen. Es gelang ihr, sie als die Frau zu erkennen, die sich nach ihrem besten Wissen bemühte, eine gute Beziehung zu ihrer Schwiegertochter herzustellen.

Gleichzeitig erkannte sie auch, und das war äußerst unangenehm für Clara, wie sie selbst all das, was sie ihrer Schwiegermutter vorwarf, auch ihr angetan hatte.

Auf ihre Art und Weise hat sie sich auch über sie hinweggesetzt, indem sie sich zum Opfer und ihre Schwiegermutter zur Täterin gemacht hatte. Sie hatte sich selbst herabgewürdigt und ihre Schwiegermutter dafür verantwortlich gemacht, anstatt ihr auf Augenhöhe zu begegnen.

Sie hatte versucht, sie zu verstehen, hatte aber immer das Gefühl, dass ihre Schwiegermutter Angst vor ihr hat, was der Grund für ihre ständigen Angriffe war.

So bitter es sich anfühlte, musste sie sich eingestehen, dass auch sie ihre Schwiegermutter bei allen anderen schlecht machte, indem sie sich über ihr Verhalten beschwerte. Und natürlich hatte sie damit auch ihren Mann und ihre Kinder gegen sie aufgehetzt.

Das hat gesessen! Aber genau in dem Ausmaß, in dem Clara sich das eingestehen konnte, war sie in der Lage, ihrer Schwiegermutter und somit auch sich selbst zu vergeben.

Es fühlte sich an, als würde eine ganze Gebirgskette von ihren Schultern fallen und noch dazu konnte sie ihrer Schwiegermutter zum Schluss, bevor sie ging, mitfühlende und liebevolle Gefühle entgegenbringen.

Carmen widmet sich ihrer Freundin

Auch Carmen hatte Widerstände. Sie hatte keine Lust, sich mit dieser einen Freundin auseinanderzusetzen.

Ihre sogenannte Freundin war eifersüchtig auf sie. Das hatte sie schon lange gespürt und diese Eifersucht war kaum auszuhalten, zumal sie dazu noch so bedürftig war und alles Mögliche von Carmen forderte. Allerdings wollte Carmen auch das eine oder andere von ihr, nur hatte sie ihre eigenen Forderungen völlig ausgeblendet und so auch nicht gemerkt, dass ihre Freundin ihr ihre eigene Bedürftigkeit spiegelte.

Carmen machte sich Gedanken und fragte sich selbst, wie sie mit ihrer Freundin umgehen wollte. Sie wusste, dass wenn sie auf ihre Freundin zugehen würde, sie ihr auf Augenhöhe begegnen und ihr das Gefühl vermitteln könnte, dass es für sie keinen Grund zur Eifersucht gäbe. Das wäre mal ein Schritt, der beide ein großes Stück weiterbringen würde.

Es gelang ihr nicht, obwohl sie wusste, wie ihre Freundin sich fühlen musste. Auch Carmen war mindestens schon einmal eifersüchtig in ihrem Leben und wusste, wie unangenehm es sich anfühlt, sich gleichzeitig mit so vielen Gefühlen wie Angst vor Ablehnung, Angst betrogen zu werden, davor benachteiligt zu sein, Angst nicht gut genug zu sein und dann auch noch mit Schamgefühlen herumzuschlagen. Carmen fühlte sich schuldig.

Sie wusste, was Projektionen sind und sie wusste auch, wie heilsam es ist, Projektionen zurückzunehmen, aber ihr fehlte immer noch die Motivation dazu. Sie hatte einfach keine Lust. Wie oft war sie in der Vergangenheit auf ihre Freundin zugegangen und hat vergebens versucht, sie zu erreichen? Carmen hatte das Gefühl, ihre Freundin hätte sie auf einen Thron gesetzt.

Dazu kam, dass all das nun schon einige Jahre zurück lag. Aber in all den Jahren hatte Carmen an sich selbst gearbeitet.

Sie hatte in dieser Zeit keinen oder kaum Kontakt zu ihrer Freundin. Die meiste Zeit war es ihr gelungen, sie aus ihrem Bewusstsein zu verdrängen und zum Glück, so dachte sie, gab es bisher auch keinen Anlass, sich wieder mit ihr einzulassen. Bis zu dem Zeitpunkt, als ihr der Name der Freundin während der Arbeit am vierten Schritt wieder einfiel.

Oh ja, natürlich. Beim letzten Mal, als Carmen intensiv mit dem vierten Schritt gearbeitet hatte, war der Name dieser Freundin gegenwärtig und sie hatte auch jedes Mal Projektions- und auch Vergebungsübungen gemacht. Aber auch diese letzten Male hatte sie die Projektionen nicht wirklich zurücknehmen können, also konnte sie ihr auch nicht wahrhaftig vergeben haben.

Sie entschied sich, ihre Freundin nicht aufgeben zu wollen, bat um Hilfe bei dem Versuch, sich in ihre Freundin hineinzufühlen. Und siehe da, sie hatte Zugang zu den Gefühlen und hatte dann natürlich die frohe Hoffnung, dass es ihr dieses Mal gelingen könnte. Jedenfalls war es ihr Wunsch, ihren Teil dazu beizutragen, ihre Freundin dabei zu unterstützen, einen großen Schritt weiterzukommen. Und jetzt fühlte Carmen sich das erste Mal wieder wohl in ihrer Haut, wenn sie an ihre Freundin dachte.

Emil möchte seinen Eltern vergeben

Emil wusste nicht, wie er auf seine Eltern zugehen könnte. Nicht nur seine Mutter, sondern auch die Atmosphäre zu Hause nervte ihn. Das war für Emil damals Grund genug, schon mit 16 Jahren von zu Hause auszuziehen. Emil hatte das Gefühl, seiner Mutter sowieso nichts recht machen zu können und, um ehrlich zu sein, hatte er auch keine Lust, ihr irgendetwas recht zu machen. Er fand für sich zu Hause bei seinen Eltern einfach keine Möglichkeit, er selbst zu sein. Er fühlte sich weder gesehen, noch verstanden und auch nicht geliebt. Selbst dann nicht, wenn seine Mutter ihn überall voller Stolz vorstellte. Er wusste, dass seine Eltern sich nach ihrem besten Wissen und Gewissen bemühten, für ihn da zu sein und ihm dies auch zu zeigen. So machten sie ihm beispielsweise gerne Geschenke, nur war es so, dass all die Geschenke, die Emil zum Geburtstag oder zu Weihnachten bekam, ihm weder gefielen, noch konnte er sie gebrauchen. Es kam so weit, dass Emil keine Geschenke mehr von seinen Eltern haben wollte. Dennoch hörten sie nicht auf, ihm immer wieder etwas mitzubringen, und sie wunderten sich hinterher, wenn er ihnen mitteilte, dass es ihm nicht gefiel.

Im Grunde war er nicht nur genervt, wenn Emil an seine Mutter dachte, er wurde sogar richtig wütend. Es hatte sich nichts geändert. Noch heute stellte seine Mutter ihn stolz überall vor und inzwischen überhäufte sie auch seine Kinder mit irgendwelchen Spielsachen und Süßigkeiten, denn als Oma war sie der Ansicht, schließlich ein Recht darauf zu haben. Für Emil war so offensichtlich, dass seine Mutter sich auch bei seinen Kindern einkaufen wollte. Für ihn war klar, sie wollte gefallen, gemocht und gesehen werden.

Für Emil begann all das schon im Kindergartenalter.

Er erinnerte sich, dass er schon als ganz kleiner Junge wütend war. Es fühlte sich an wie eine Allergie gegen Bedürftigkeit, die schon im Kindergarten begann. Seine Mutter putzte ihn heraus und steckte ihn in Klamotten, die er absolut nicht mochte und auch nicht tragen wollte.

Dieses Gefühl, ein Vorzeigeobjekt als Kompensation für den mangelnden Selbstwert seiner Mutter zu sein, hatte Emil heute noch im Griff. Er kam in Kontakt mit dieser rebellischen Energie, als er selbst zu einem feierlichen Anlass keine Lust hatte, sich festlich anzuziehen.

Emil fühlte sich immer noch von seiner Mutter verraten und verlassen. Auch von seinem Vater fühlte Emil sich weder verstanden noch konnte er ihn an seiner Seite wahrnehmen, und dass, obwohl sein Vater eigentlich immer da war. Emil war verwirrt. Er konnte nicht verstehen, dass er seinen Vater nicht spüren konnte. Als er klein war, hatte er ihn doch immer zu den Fußballspielen gefahren und seine Fußballkarriere unterstützt. Und nun fiel Emil ein, dass er eigentlich gar nicht Fußball spielen wollte. Der Hauptgrund, warum er Fußball gespielt hatte, war der, dass sein Vater es wollte.

Und hier war es schon wieder, dieses Gefühl, verraten und verkauft zu sein!

Emil merkte jetzt auch, dass es nicht nur seine Eltern waren, sondern dass er sich selbst verraten und verkauft hatte. Und das schon seit dem Kindergartenalter. Ihm wurde endlich bewusst, dass er schon damals anfing, sich selbst gegenüber untreu zu sein. Das war eine Erleichterung! Endlich war die Wut verschwunden und auch das Gefühl, genervt zu sein. Und endlich spürte Emil wieder so etwas wie Freude, wenn er an seine Eltern dachte.

Schritt 5

Verantwortung übernehmen - zu uns stehen

Jetzt – im fünften Schritt – wollen wir endlich die Leichtigkeit in unserem Leben wiederherstellen. Das machen wir, indem wir uns mit unseren Kompensationen und mit unserer Masche offenbaren. Und das tun wir, indem wir hundertprozentig für uns und unsere Mitmenschen Verantwortung übernehmen und zu uns stehen. Dann antworten wir der Welt, anstatt auf sie zu reagieren, und lassen wieder mehr Nähe zu. Wir dürften jetzt endlich bereit sein, unser Ego nicht länger schützen zu wollen und unsere Kompensationen, unsere emotionalen Schutzschilder, wie unsere Schüchternheit, unser Recht haben wollen, unser Besonders- oder Überlegen sein, aufzugeben.

Emily gestand ihrem Mann eine alte Schuld ein

Jemandem unsere Fehler und unsere Masche einzugestehen, ist leicht gesagt, dachte sich Emily. Nur zu gerne würde sie ihrem Mann von ihrem Abenteuer von vor zwei Jahren erzählen. Sie wusste tief in sich, dass dieser Schritt wichtig und kraftvoll für sie beide ist. Aber sie hatte Angst. Wovor, dass wusste sie gar nicht genau. Vielleicht davor, dass er sie verlassen würde oder dass sie ihn verletzen könnte. Emily hatte ihren Mann betrogen. Es war kein ›one night stand‹, aber auch keine lange Affäre. Sie mochte den anderen, vielleicht war sie zu der Zeit sogar verliebt.

Am Anfang hatte sie nicht einmal Schuldgefühle. Sie fühlte sich eher wie eine 15-jährige Teenagerin, verrückt aufgeregt – wie in einem Abenteuer.

Vielleicht auch, weil es in gewisser Weise für Emily verboten war. Emily hatte es sich selbst untersagt. Für Emily war es so sehr wichtig, ihren Kindern eine andere Art von Beziehung vorzuleben, als das, was sie kennengelernt hatte. Die Beziehung ihrer Eltern war einfach tot. Sie lebten nebeneinander her und hatten sich nichts, und schon gar nicht etwas Schönes zu sagen. Und das Trauma einer Scheidung, wie es bei ihrem Mann der Fall war, war auf gar keinen Fall eine Alternative.

Emily liebte ihren Mann, nur war ihre Beziehung zu der Zeit völlig im Eimer. Ihr Mann hatte seine Probleme, die er zu der Zeit in Alkohol ertrank, und war praktisch für Emily unerreichbar. Emily fühlt sich allein gelassen und betrogen. Und jetzt hatte auch sie ihn betrogen. Sie wusste nicht mehr weiter. Ihre Beziehung stand auf sehr wackeligen Beinen. Emily bat den Himmel um Hilfe und nahm sich erst einmal vor, keine Entscheidung zu treffen. Diese Übung, die nächsten zwei Wochen nichts zu entscheiden und in dieser Zeit den Himmel um Hilfe zu bitten, hatte schon einmal funktioniert. Ihre Affäre zog sich zurück. Irgendwie traurig, aber auch erleichternd. So konnte Emily klar und deutlich spüren, dass ihr Mann, wie auch immer er gerade drauf war, für sie der wahre Partner war.

Emily ließ sich wieder neu auf ihn ein und versuchte alles zu geben, was ihr einfiel, um wieder mehr Nähe zu ihm herzustellen. Bis auf ihr Engagement für ihn hatte sich nur leider nicht sehr viel verändert. Vielleicht war ihre Erwartung zu groß. Er trank noch immer und Emily wünschte sich so sehr, dass dieser Albtraum ein Ende haben würde. Sie wusste nicht, wie lange sie das noch aushalten könnte.

Emily entschied sich, jetzt alles auf eine Karte zu setzen. So erzählte sie ihm die ganze Geschichte, und auch wie sie sich zu der Zeit gefühlt hatte – und noch immer fühlt.

Ihr Mann war erst einmal durchgedreht, er wütete herum und zerschlug Sachen, kam danach aber zu ihr und konnte ihr das Gefühl vermitteln, wie wichtig sie die ganze Zeit für ihn war und es noch immer ist, und auch wie viel sie ihm bedeute.

Jetzt waren sie sich nähergekommen und auch wenn es anfangs nicht spürbar war, bewegte sich deren beider Leben gemeinsam in eine andere Richtung. Emily nahm wieder Licht am Horizont ihrer Beziehung wahr.

Emil und Antonia arbeiten mit einem alten Gefühl

Emil und Antonia waren schon mehr als 20 Jahre verheiratet, als Emil ihr erzählte, wann und wie er anfing, sich selbst nicht mehr treu zu sein.
Der Auslöser, mit Antonia darüber zu sprechen, war eine bevorstehende Gerichtsverhandlung.

Sie fühlten sich beide so machtlos und mutlos, was diese Verhandlung anging.

Emil war selbstständig mit einer kleinen Baufirma und ein ehemaliger Kunde von ihnen klagte wegen einiger Mängel sehr viel Geld ein. Mängel gab es, das stand außer Frage. Nur nicht so viele. Emil wollte sie auch beheben, doch die Ansprüche des Kunden stiegen ins Unermessliche. Er beklagte Sachen, die er selbst beauftragt hatte. Nur leider hatten sie es sich damals nicht schriftlich geben lassen.

Sie fragten sich, wieso er so etwas macht. Er verklagte ja nicht nur sie, sondern alle seine Gewerke, die er beauftragt hatte. Er suchte richtig nach Mängeln und nach Fehlern. Und wer nach Fehlern sucht, findet auch welche.

Sie stellten sich wiederholt die Frage, warum dieser Kunde so etwas tut und für beide fühlte es sich an, als ob er sich für irgendetwas rächen wollte.

Emil und Antonia waren bereit, die Verantwortung für diese Situation zu tragen. Ihnen war bewusst, dass ihre äußere Welt ein Spiegel ihrer inneren Welt ist und dass niemand ihnen etwas antun kann, was sie sich nicht auch selbst schon antun. Also fragten sie sich selbst, wo sie sich gerade an sich selbst rächten und spürten gemeinsam in sich nach dem Gefühl, das dieser Racheakt in ihnen hervorrief.

Beide fühlten sich in gewissem Maße ›fertiggemacht‹.

Bei der Frage, wann und wo sie sich in ihrem Leben selbst fertiggemacht hatten, kam Emil spontan eine Erinnerung.

Er erinnerte sich an seine Kindheit in der Grundschule, als er mit einem Freund mitging, der einen anderen Freund erpresste. Emil ging nicht nur mit, er machte auch mit, obwohl dies ganz und gar nicht seiner Natur, seinem Wesen entsprach. Emil fühlte sich schlecht, als er das tat. Er fühlte sich dabei überhaupt nicht wohl, wollte aber dazugehören. Er wollte einer von denen sein, zu denen auch sein ›Freund‹ gehörte.

Emil erkannte nun, wie er sich selbst untreu war und auch, wie er sich schon damals dafür verurteilt und fertiggemacht hatte.

Diese Erinnerung war eine große Erleichterung für Emil! Er hatte diese Zeit und auch dieses Ereignis völlig ausgeblendet. Auch Antonia kannte diese Story von Emil noch nicht und war so froh, dass diese Situation sie hervorgebracht hatte. Sie konnte Emil jetzt sehr viel besser verstehen. Auch wenn es Emil unangenehm war, für Antonia war es einfach nur schön, Emil wieder so viel näher zu sein.

Gleichzeitig fiel Antonia auf, wie sie sich zu der Zeit, als sie noch für den Kunden arbeiteten, selbst auch untreu war. Sie hatte schon gespürt, dass Emils Verhalten dem Kunden gegenüber irgendwie eigenartig war, traute sich aber nicht, etwas zu sagen. Sie wollte Emil nicht bevormunden und schließlich waren es ja auch ›nur‹ Gefühle. Normalerweise wusste Emil, was er tat, und außerdem wollte sie keinen Streit mit ihm anfangen.

Antonia übernahm die Verantwortung für ihr damaliges Verhalten und sprach mit Emil darüber, und auch, wie abhängig sie sich von ihm fühlte. Sie hatte sich schon lange eine Gelegenheit gewünscht, Emil endlich einmal mitteilen zu können, dass sie sich so sehr wünschte, unabhängig von ihm zu sein. Sie wollte ihm so gerne zeigen, dass er für sie viel mehr war als ein Mann, der gut für seine Familie sorgt. Wusste sie doch, dass Emil sich daran maß. Für ihn war es wichtig, seine Familie gut versorgen zu können.

Clara übernimmt die Verantwortung für ihren Krebs

Für Clara war es mehr als unangenehm, es war ihr sogar sehr peinlich, als ihr klar wurde, wie ihre Angriffsgedanken ihr selbst schadeten.

Die Nachricht, dass Clara Kehlkopfkrebs hatte, war ein großer Schock für sie. Wo kam dieser Krebs jetzt her und wieso hatte sie ausgerechnet Kehlkopfkrebs? Die Ärzte sagten ihr, der Krebs käme durch das Rauchen. Wie sollte sie das verstehen? Clara rauchte schon lange nicht mehr viel. Eine oder zwei Zigaretten am Tag. Und das seit mindestens 25 Jahren. Dabei gab es so viele Menschen, die sehr viel mehr rauchten als sie und die gesund waren.

Mit dieser Erklärung gab sich Clara also nicht zufrieden. Sie fragte sich, warum sie vom Rauchen Krebs bekommen sollte und andere, die viel mehr rauchen als sie, fit und gesund sind.

Clara wusste, dass das Halschakra für Führung und Kommunikation steht.

Die Kommunikation war nach der Operation ohnehin nicht mehr so einfach. Sie musste erst einmal wieder sprechen lernen, war aber überglücklich, dass es überhaupt noch möglich sein würde, wo sie doch schon gerade angefangen hatte, sich damit abzufinden, sich nur noch mit einem Zettel und Schreiber mitteilen zu können.

Nach drei Monaten stand ihre erste Nachuntersuchung an. Während der drei Monate hatte sie sich wieder über ihre Schwiegermutter geärgert. Clara konnte inzwischen schon wieder ein wenig sprechen. Es war aber noch sehr anstrengend für ihr gesamtes System und ihre Schwiegermutter konnte schlecht hören. Sie besaß ein Hörgerät, setzte es aber, wenn sie zu Besuch war, nicht ein. Clara fand es mehr als anstrengend, immer darauf zu achten, ob sie ihr Hörgerät nun benutzte, bevor sie mit ihr sprach.

Natürlich hatte sie ihr gesagt, dass sie das Sprechen anstrengte, und sie immer wieder gebeten, ihr Hörgerät zu benutzen. Es schien Clara, als ob ihre Schwiegermutter auch das nicht hören wollte.

Clara war fassungslos. Sie konnte nicht glauben, dass ihre Schwiegermutter so rücksichtslos war. Und sie war ratlos, wie sie ihr dies beibringen könnte. Es tat ihr weh.

Clara resignierte und überforderte sich wieder und wieder. Immer wieder ließ sie sich auf ein Gespräch mit ihr ein und musste ständig wiederholen, was sie gerade gesagt hatte. Sie war einfach nur noch frustriert und fühlte sich machtlos.

Als Clara sich dann dabei ertappte, dass sie sich bei anderen über ihre Schwiegermutter beschwerte, wollte sie am liebsten im Erdboden versinken. Gerade auch deshalb, weil ihr blitzartig ganz klar war, dass sie noch nicht durch war mit ihrem Kehlkopfkrebs.

Und genau so war es dann auch. Die Biopsie der Nachuntersuchung ergab, dass noch immer Krebszellen vorhanden waren.

Clara fühlte sich schrecklich. Irgendwie war alles dunkel um sie herum und sie war natürlich versucht, sich anzugreifen. Es ging ihr miserabel und sie war alles andere als bereit, es irgendjemandem mitzuteilen.

Aber Clara gab sich einen Ruck und tat es dennoch.

Und das war das Beste, was sie überhaupt tun konnte, denn sie fühlte sich gleich so viel besser und leichter, sobald sie ausgesprochen hatte, was sie sich selbst alles vorwarf und wie es ihr damit ging.

Dass all die anderen dann auch noch Verständnis für sie hatten und sich einfach freuten, dass sie endlich dazu bereit war, ihren Selbstangriff loszulassen, trieb ihr die Tränen in die Augen. Wie schön war das! Clara ging es besser, sie fühlte sich wieder gut mit sich selbst und war zuversichtlich, dass sie sich von all dem erholen kann.

Inzwischen kann Clara wieder sehr gut sprechen. Es fiel ihr nur noch dann schwer, wenn sie dabei war, etwas zu sagen, was sie vielleicht bereuen könnte.

Schritt 6

Reifen

Im 5. Schritt haben wir den Mut aufgebracht, uns von ganzem Herzen zu öffnen und jetzt brauchen wir diesen Mut, um unseren Widerstand zu überwinden, emotional zu reifen. Wir brauchen unsere Bereitschaft, uns und unser Herz offen zu halten, um für die Liebe erreichbar zu sein und Wunder empfangen zu können. Hierfür legen wir alle emotionalen Schutzschilder ab. Dort, wo wir sie abgelegt haben, folgen wir unseren Emotionen, sind bereit, sie zu fühlen und stellen uns den Familiendynamiken, die uns hier typischerweise begegnen.

Wir sind bereit, auf die Stimme für Gott zu hören und ihn um Hilfe zu bitten, uns von unseren inneren Zwängen, uns zu Opfern zu machen, zu befreien.

Wir wollen nichts mehr, was uns in Wahrheit ausmacht, zurückhalten. Hierbei geht es weder darum, unsere Bedürfnisse zu befriedigen, noch wollen wir über sie hinausschießen.

Clara legt ihren Schutzschild ab

Vielleicht hätte Clara früher erkennen können, dass sie selbst wie ihre Schwiegermutter war. Hätte sie doch bloß früher gewusst, wie befreiend es ist und wie sie sich am Ende sich selbst wieder spüren und erleben konnte.

So oft hatte sie versucht, ihr zu vergeben. So oft hatte sie versucht, die Hilferufe ihrer Schwiegermutter zu beantworten. Und jedes Mal hatte sie am Ende das Gefühl, es geschafft zu haben. Das hielt leider nur bis zum nächsten Treffen oder Gespräch an. Bei jedem neuen Treffen stand der nächste Hilferuf ins Haus. Er erreichte Clara aber immer erst einmal als Angriff, ein Schlag in die Magengegend. Clara schaffte es nicht, ihre Schwiegermutter sie selbst sein zu lassen und all ihre Angriffe nicht persönlich zu nehmen – und schon gar nicht, ihr aus ihrer Mitte heraus zu antworten.

Sie fragte sich selbst, warum es ihr nicht gelang. Was hatte sie davon, dass sie in diesem Kampf feststeckte?

Theoretisch wusste sie, dass ihre Schwiegermutter nur dann ihre Grenzen überschreiten kann, wenn sie sie selbst überschreitet. Und das tat sie. Und zwar auf dem Rücken ihres Mannes und ihrer Kinder. Denn sie waren es, die sie immer wieder vorschob, um ihrer Schwiegermutter zur Verfügung zu stehen.

Clara entschied sich, dass jetzt damit Schluss ist. Keine Minute länger wollte sie sie als Schutzschild benutzen. Sie wollte endlich wieder sie selbst sein, frei sein.

Um ihre Schwiegermutter loslassen zu können, stellte sie sich vor, wie sie sie in Gottes Hände legte und ihn gleichzeitig bat, ihr dabei zu helfen, diese Beziehung einen Schritt voranzubringen.

Der Himmel bot ihr die Gelegenheit. Es war in einem Café. Ihre Schwiegermutter erinnerte daran, dass sie schon einmal dort waren, als Claras Tochter noch ein kleines Baby war.

Natürlich erinnerte sich Clara auch daran. Sie nahm die Gelegenheit beim Schopfe und erzählte ihr, wie sie sich dabei fühlte, als ihre Schwiegermutter, die ihr Baby hielt, sich wegdrehte und es ihr nicht wiedergeben wollte.

Endlich öffnete sich auch ihre Schwiegermutter. Es war wahrscheinlich das erste Mal, dass sie sich erlaubte, als Opfer zu kapitulieren. Sie erzählte, dass ihre Schwiegermutter ihr ihren Sohn sehr viel öfter vorenthalten hatte.

Für Clara war das keine Entschuldigung, aber endlich fühlte sie so etwas wie eine Verbindung zu ihr, die ihr half, ihre Urteile gegenüber ihrer Schwiegermutter abzulegen.

Clara spürte an diesem Nachmittag auch, dass sie sich in dem Ausmaß wehrte, in dem sich ihre Schwiegermutter ihr aufdrängte. Ihr wurde klar, dass sie mit ihrem Widerstand nur Holz in das Feuer geworfen hatte, auf dem sie sich selbst im Opfertopf garte.

Emily löst sich aus ihrer emotionalen Abhängigkeit

Emily hatte sich gegenüber ihrem Mann geöffnet, sich ihm anvertraut, ihm ihre Affäre gestanden und gefühlt waren sie sich etwas nähergekommen.

Sie waren so weit gekommen, dass ihr Mann es wirklich geschafft hatte, mit dem Trinken aufzuhören. Aber der Spuk war noch nicht vorbei. Es ging einfach schon zu lange, und so sehr Emily sich auch bemühte, konnte sie dem Frieden noch nicht wirklich trauen, dass er trocken blieb, und sich auch noch nicht richtig entspannen. Es waren Jahre, in denen ihr Mann, wenn überhaupt, nur körperlich anwesend war. Jahre, in denen sie immer wieder irgendwo leere Flaschen fand. Auch jetzt war das noch so und sie war jedes Mal wieder versucht, ihn auf die Flaschen hin anzusprechen. Ihre Angst, er könne rückfällig sein, hatte sie noch voll im Griff.

Sie wollte ihn nicht kontrollieren, konnte es aber nur schwer aushalten, diesem Drang zu widerstehen. Die Kontrolle war zu ihrer Sucht geworden, das war immer deutlicher spürbar.

Und Emily wusste einfach nicht, wie sie ihr entkommen konnte. Sie war hier das Opfer und das wollte sie so gerne ändern.

Sie versuchte sich darauf zu konzentrieren, wieder ihr Leben zu leben, so wie sie es früher lebte, und ihren Fokus auf sich selbst gerichtet zu halten. Aber es fiel ihr schwer. Gefühlt war sie viel zu lange abhängig von ihm, steckte viel zu tief in diesem Sumpf. Dennoch war ihr klar, sie musste hier raus! Das war ihrer beider einzige Chance. Ihr Mann musste sich bestimmt ganz genau so fühlen. Er ist ja ihr Spiegel.

War es denn ihre Schuld? War es ihretwegen, dass er getrunken hatte? Lag es daran, dass sie sich von ihm abhängig gemacht hatte, als sie ihren Job gekündigt hatte, um für die Kinder da zu sein, und er den Druck, allein für sie alle zu sorgen, nicht aushalten konnte? Hatte sie zu hohe Erwartungen an ihn?

Sie fühlte sich, als würde sie eine ganze Gebirgskette allein auf ihren Schultern tragen, als wäre die ganze Situation, so wie sie war, einzig und allein von ihr abhängig. Das lastete schwer. Außerdem kam sie sich wie eine Betrügerin vor. Nicht nur, weil sie die Affäre hatte. Hatte sie ihn denn nicht die ganze Zeit schon betrogen, indem sie von ihm erwartete, ja sogar forderte, dass er sie und die Kinder versorgt? War sie denn überhaupt noch für ihn da?

Das war jetzt viel. Es war dunkel und schmerzhaft. Emily fühlte.

Sie fühlte die Dunkelheit, die Schuld, die Schmerzen, die Einsamkeit, die Ausweglosigkeit und die Ohnmacht. Und sie bat um Hilfe.

Das Gefühl veränderte sich nach einer Weile. Die Last, die Gebirgskette, sie verschwand. Es fühlte sich jetzt anders an. Es war, als hätte sie den Schlüssel in der Hand, sie beide zu erlösen. Plötzlich war es keine Belastung mehr. Es war leicht, es war hell und sie fühlte sich frei. Es ging nicht mehr darum, wie sie beide in dieses Loch geraten waren, es ging nur noch darum, wie sie hier wieder rauskamen. Und dafür hatte Emily die Fäden in der Hand. Sie war unschuldig. Ihr Mann war unschuldig und all ihre Schutzschilde brauchte sie nicht mehr. Sie war mehr als motiviert, ihre nächsten Schritte zu gehen. Sie konnte sich selbst wieder leiden, fand sich sogar besser und stärker als je zuvor. Emily war so glücklich, wieder bei sich angekommen zu sein und hatte große Lust, die ganze Welt zu umarmen.

Patrizia möchte erreichbarer sein

Patrizia hatte erneut »JA« zu ihrem Mann gesagt und sie hatte es auch geschafft, sich wieder mehr für ihn zu öffnen. Jetzt wollte sie sich vor allem auch wieder von ihm erreichen lassen. Sie wollte ohnehin wieder erreichbarer sein. Nicht erreichbar zu sein, war das Letzte, was sie wollte.

Die von ihr errichteten größten Blockaden, die Patrizia sofort auffielen, waren sein Trinken, das er ja nun aufgegeben hatte. Und es war dieses eine Mal, als sie ihn betrogen hatte. Sie hatte es ihm schon vor längerer Zeit gebeichtet und er hat es ihr mehr oder weniger verziehen, dennoch fühlte sie sich nicht wirklich gut damit. Ach ja, und dann fiel ihr noch ein, dass sie ihm in ihrer Verzweiflung, ihn nicht erreichen zu können, weil er getrunken hatte, auch oft schon eine Szene gemacht hatte. Und das sogar in einem Restaurant. All das waren No-Gos, die sie, wie sie dachte und hoffte, ihm und auch sich selbst schon vergeben hatte.

Ihr fiel auf, dass all diese Vorkommnisse, diese No-Gos, auch Tabus waren. Und diese Tabus hatten, so wie es spürbar war, richtig viel Kraft, ganz einfach deshalb, weil sie eben Tabus waren. Sie fühlen sich an wie STOPP-Schilder, die energetisch ausdrücken: »Komm mir nicht zu nahe. Bis hierhin und nicht weiter!«

Also waren all diese No-Gos mega Blockaden, mit denen es schlichtweg unmöglich ist, erreichbar zu sein. Nicht nur, dass die Tabus wie Schutzschilder wirken, die uns unerreichbar sein lassen, sie ziehen auch genau diese No-Gos an. Rückbesinnend fiel ihr auf, dass sie alle Tabus von ihrem Mann gebrochen hatte, und er hatte all ihre größten Tabus gebrochen. Und warum, fragte sich Patrizia, weil sie sich näherkommen wollten? Was für eine schräge Art, zu sein. Es war einfach nur anstrengend.

Patrizia entschloss sich daraufhin, sämtliche Tabus abzulegen und fragte sich selbst, welche No-Gos sie jetzt noch hatte, welche es noch in ihrem Leben gab. Spontan fiel es ihr ein, dass es nach wie vor ein No-Go für sie wäre, wenn ihr Mann einen Rückfall haben und wieder mit dem Trinken anfangen würde. Sie hatte das Gefühl, sie könne ein Leben mit ihm, trinkend, nicht mehr ertragen.

Patrizia spürte diesem Gefühl nach. Es kamen viele Erinnerungen aus der damaligen Zeit wieder hoch, in der er noch getrunken hatte. Mit den Erinnerungen tauchten auch noch einmal all die Emotionen von damals in ihr auf. Sie erlaubte es sich, sie einfach zuzulassen. Das alles lag ja nun Jahre zurück und ist glücklicherweise Vergangenheit. Patrizia erinnerte sich auch wieder, wie sie überhaupt darauf gekommen war. Sie wollte diesen sechsten Schritt gehen und erreichbarer sein. Also nahm sie ihren ganzen Mut zusammen, bat Gott um Hilfe und legte dieses Tabu in seine Hände. Ihr Ziel, im Hier und Jetzt erreichbarer zu sein, war ihr wichtiger, als den Gespenstern der Vergangenheit nachzujagen.

Schritt 7

Unsere Einstellung ändern

Dies ist der Schritt, der uns aus den hier typischen Gefühlen des Ungenügend- und Kleinseins herausführt. Es sind die Auswirkungen unserer schlechten, negativen Entscheidungen, die uns hier haben campen lassen. Sobald wir unsere Einstellung ändern, treffen wir auch neue, bessere Entscheidungen für uns. Hierfür gehen wir in uns und schauen, wie wir unsere Forderungen an die Welt loslassen können. Wir haben uns geöffnet und sind erreichbar. Jetzt wollen wir in Demut all das annehmen, was uns das Leben zu bieten hat.

Dafür decken wir all unsere Persönlichkeiten anhand unserer Lieblingsfehler, die uns noch im Wege stehen, auf. Wir schauen uns unsere Ziele an und spüren nach, wo wir noch fordernde Energie in uns entdecken können, wo wir in der sogenannten Erwartungsschleife unserer Ziele stecken. Dann lösen wir diese und lassen sie jetzt endlich los. Gerne nehmen wir auch hierfür die Hilfe des Himmels in Anspruch.

Jetzt dürfte es uns inzwischen öfter gelingen, Angriffe als Hilferufe wahrzunehmen und uns über unsere Erkenntnis und Freude darüber, wer wir wirklich sind, was uns wirklich ausmacht und darüber, wieder in Verbindung und glücklich zu sein, auszudehnen.

Antonia ändert ihre Einstellung zu sich und ihrer Beziehung

Irgendwie hatte es doch noch einen komischen Beigeschmack für Antonia, als sie daran dachte, wie gerne sie doch finanziell unabhängig von Emil sein wollte. Emil ist der, der das Geld verdient und Antonia kümmerte sich ja nur einige Stunden am Tag um das Büro. Sie kümmerte sich aber auch um die Kinder, den Hund, den Haushalt und um ihre ehrenamtliche Tätigkeit. Bisher hatte sie immer das Gefühl gehabt, dass sie in ihrer Abhängigkeit von ihm fordern würde und wenn sie unabhängiger wäre, würde sie Emil entlasten können und sich selbst gleichzeitig sicherer fühlen, weil sie dann unter anderem ihr eigenes Geld verdienen würde. Oh, Antonia spürte gerade, dass sie dabei war, zu manipulieren und fühlte sich dabei völlig überfordert und auch ausgebrannt.

Ja natürlich, sie erwartete und forderte viel von sich selbst und, ja klar, erwartet und fordert sie im gleichen Ausmaß ja auch von Emil.

Vielleicht ist die Unabhängigkeit ja gar nicht ihr wahres Ziel, war ihr nächster Gedanke. Aber was war denn dann ihr wahres Ziel in ihrer Beziehung zu Emil?

Die Eingebung, die Antonia jetzt hatte, nämlich einfach bei sich zu sein und sich selbst zu genießen, erschien ihr viel zu einfach. Selbstverständlich war es die viel bessere Variante, als sich unendlich abzumühen, um sich selbst gerecht zu werden und zugegebenermaßen auch Emil zu gefallen.

Antonia fing an sich vorzustellen, wie es sich wohl anfühlen würde, wenn sie sich einfach auf sich selbst konzentrierte, ihre Sachen machte und Emil seine Sachen machen ließ, ob sie selbst Geld dabei verdienen würde oder nicht.

Was sie ihre Situation leicht erschienen ließ, war ihr sicheres Gefühl, dass sie Emil vertrauen und sich auf ihn verlassen konnte.

Ganz allmählich fing diese Idee an, ihr zu gefallen. Antonia gab sich dem Gedanken weiter hin. Es fühlte sich an, als würde sie Emil wieder mehr und mehr in seine ganz eigene Macht entlassen, sein Leben für sich freier zu gestalten und das stand ihm richtig gut. Er machte den Eindruck, noch mehr in seine Kraft zu kommen. Und er fühlte sich für Antonia machtvoller an.

Antonia staunte nur, denn es fiel ihr außerdem auf, dass er plötzlich öfter in ihrer Nähe und viel präsenter war. Er war noch großzügiger geworden und unterstützte sie noch mehr in ihren Projekten und in ihrem Prozess, ohne dass sie irgendetwas von ihm erwartete oder verlangte.

Jetzt verstand Antonia auch, warum sie in ihrer Beziehung vorher nicht weitergekommen war. Sie war schon lange dort angekommen, wo sie eigentlich hinwollte und ihre eigene Vorstellung davon, wie das laufen sollte, blockierte sie völlig. Es war an der Zeit für Antonia, sich ein neues Ziel in Bezug auf die Partnerschaft zu setzen. Und sie wusste auch schon, was sie sich wünschte. Sie wünschte sich noch mehr wahre Nähe und viel mehr Spaß.

Ulla wünscht sich mehr Leichtigkeit

Ulla waren die Ideen ausgegangen, ihre Tochter zu motivieren, und um ehrlich zu sein, hatte sie auch keine Lust mehr. Ihre Tochter war inzwischen 19 Jahre alt und schon seit 3 Monaten mit der Schule fertig. Es fühlte sich okay für sie an, dass sie sich die ersten Wochen von der Schule erholen und erst einmal chillen wollte. Das konnte sie verstehen. Aber inzwischen wäre es doch wirklich einmal an der Zeit, den Hintern hochzubekommen, eine Richtung einzuschlagen und wenigstens irgendetwas zu tun.

Ulla bemerkte, dass das Chillen, abgesehen davon, dass es ihr nicht gefiel, ihrer Tochter auch nicht guttat. Das bestätigte sogar der Lungenarzt, den sie aufsuchten, weil Ullas Tochter schon länger über Schmerzen in der Herzgegend klagte und der Hausarzt sie daraufhin weiter zum Lungenarzt überwiesen hatte. Der Lungenarzt bestätigte ihr, dass ihre Lunge völlig gesund sei und die Schmerzen daher kommen, dass sie wohl zu lange schräg mit dem Handy oder Tablett auf dem Bett sitzen würde. Ullas Tochter leugnete das nicht. Irgendwie war sie froh, dass es ›nur‹ das Chillen war.

Ulla nutzte die Gelegenheit für sich und schaute, wo sie sich selbst im Leben nicht weiterbewegte, wo sie sich zurückhielt, wo sie feststeckte. Kaum hatte sie diese Fragen in ihrem Geist bewegt, bekam sie auch gleich die Antwort darauf. Natürlich, sie fühlte sich in ihrer Beziehung festgefahren.

Im Moment war sie zufrieden in ihrer Beziehung, es war alles schön entspannt. Aber ja, sie könnte sogar sagen, dass sie beide sich in ihrer Beziehung wieder einmal in eine gemütliche Bequemlichkeitszone manövriert hatten. Bequem, aber irgendwie auch langweilig. Das war kein fremder Ort. Alle beide kannten sich hier bestens aus.

Ulla, die schon sehr viele turbulente Zeiten in ihrem Leben durchlebt hatte, hatte gar kein wirkliches Interesse an Veränderung. Auch dann nicht, wenn ihr das Leben etwas langweilig erschien. Aber inzwischen hatte sie verstanden, genauer hinzuschauen und nicht mehr erst noch abzuwarten, bis sie heftig wachgerüttelt werden würde.

Sie nahm sich etwas Zeit, besann sich wieder auf sich und bat den Himmel um Hilfe.

In der folgenden Nacht konnte Ulla nicht schlafen. Ihre Tochter war um vier Uhr noch unterwegs. Sie machte sich etwas Sorgen, auch wenn sie schon 19 Jahre alt war und es Wochenende war. Schließlich hatte sie sich noch nicht so ganz von der Blasentzündung erholt, die sie die letzten Tage im Bett hielt.

Ulla versuchte in ihrem Geist damit umzugehen. Es erschienen ihr einige Vortragssalven, die sie nur allzu gerne abgefeuert hätte, als sie sich plötzlich an sich selbst erinnerte, als sie jung war, nur wenige Jahre älter als ihre Tochter jetzt, und selbst Antibiotika wegen einer Blasenentzündung damals eingenommen hatte. Sie verbrachte den Tag über in der Sonne am Strand und nachts war sie in den angesagten Clubs unterwegs. Ihre Stimmung wurde milder. Sie musste sogar plötzlich lächeln und bekam Lust, ihre Tochter ihr Erlebnis, wie auch immer sie sich am nächsten Tag fühlen würde, genießen zu lassen und sie zu verwöhnen, anstatt ihr einen Vortrag zu halten.

Diese Milde, die sie für ihre Tochter aufbringen konnte, galt nicht nur ihrer Tochter. Ulla war insgesamt sehr viel entspannter, was sie auch wieder sehr viel reizvoller für ihren Mann machte, denn es war genau diese Energie, die er an ihr so sehr liebte.

Carmen ändert ihre Haltung gegenüber ihrer Freundin

Als Carmen mit dem siebten Schritt begann, war ihr sofort klar, dass sie immer noch Erwartungen an ihre Freundin, die eifersüchtig auf sie war, hegte. Sie erkannte auch sofort, dass sie, während sie an sie dachte, auch wenn sie ihr helfen wollte und ihr Licht und Liebe schickte, insgeheim von ihr erwartete, dass sie sich für ihr rüdes Verhalten bei ihr entschuldigen müsse.

Wie viele Jahre hatte Carmen aufrichtig versucht, ihr zu helfen, sie zu unterstützen und für sie da zu sein? Und dann hatte ihre Freundin nichts Besseres zu tun, als sich von ihr abzuwenden?

Auf der einen Seite war Carmen froh, sich nicht weiter mit dieser anstrengenden Freundin, die sie in der Öffentlichkeit angeschrien hat, auseinanderzusetzen; auf der anderen Seite hatte sie um Hilfe gebeten, bei dem Wunsch, jede Art von Kampf in sich aufzudecken und zu heilen.

Und nun war ihre Freundin wieder da, in ihrem Bewusstsein.

Carmen war klar, dass sie sich hier eine Hintertür offenhalten wollte, sich gehen zu lassen und nicht an sich zu arbeiten. Auf eine Art und Weise war es auch irgendwie schön und erleichternd, sich etwas aufregen zu können. Zumindest brauchte sie oberflächlich nicht so viel Schuld und all die anderen Gefühle, wie Scham, Angst vor Ablehnung, vor Betrug, davor benachteiligt zu sein, nicht gut genug zu sein usw., die die Eifersucht mit sich brachte, zu fühlen.

Dann begegnete ihr in der Gruppe dieser Spruch wieder: »Das, was wir verurteilen, werden wir selbst.«

Ja, jetzt konnte sie etwas damit anfangen. Sie spürte, dass sie selbst inzwischen eifersüchtig auf diese Freundin war.

Obwohl – oder war es gerade, weil sie einiges an ihr auszusetzen hatte, hatte diese Freundin etwas, um das Carmen sie beneidete.

Sich das einzugestehen und zu fühlen, genügte Carmen, in ihr das Verlangen zu wecken, ihre Freundin in den Arm zu nehmen, mit ihr loszuziehen, Spaß zu haben und zu lachen.

Schritt 8

Wiedergutmachen

Es ist an der Zeit, mit dem inneren Aufräumen fortzufahren und uns aus unserer Einsamkeit zu befreien. Sind doch unsere gestörten Beziehungen fast immer die Ursache für unser Leid und unsere geheilten und dann ›heiligen‹ Beziehungen unser Vehikel zu unserem Glücklichsein.

Wir machen das, indem wir in uns ein neues Betriebssystem installieren. Es ist das System der Gnade. Wir machen wieder gut, indem wir schonungslos zurückschauen, in welchem Umfang und auf welche Art und Weise wir anderen und uns selbst durch unser Festhalten an unserem Opfersein geschadet haben. Wir schauen uns auch an, wie wir uns damit zurückgehalten haben, unseren nächsten Schritt zu gehen. Hierfür bitten wir um Vergebung für uns selbst und bemühen uns, in all unseren Beziehungen alles wiedergutzumachen und Nähe zuzulassen.

Antonia möchte bei ihrem Vater etwas wiedergutmachen

Für Antonia steht die Beziehung zu ihrem Vater bei diesem achten Schritt an erster Stelle. Eigentlich hat Antonia ein gutes Verhältnis zu ihrem Vater, etwas distanziert zwar und, auch wenn sie es nicht gerne zugeben möchte, auch etwas oberflächlich. Antonia wünscht sich mehr Nähe, wusste aber nicht, wie sie diese Nähe herstellen konnte.

Es gab diesen Vorwurf von ihrem Vater, der noch auf ihr lastete. Immer mal wieder hatte er ihr sie wissen lassen, dass es ihn verletzt hatte, als sie sich nach der Scheidung entschieden hatte, bei ihrer Mutter zu leben. Und Antonia konnte das weder damals noch heute verstehen. Wie konnte er von ihr als 12-Jährige verlangen, sich zwischen ihm und ihrer Mutter zu entscheiden?

Heute weiß Antonia, dass ihr Vater sich nicht gewollt, nicht gesehen und auch nicht wichtig fühlte. Und sie spürte, dass er sich noch immer nicht besser fühlte und fürchtet, in irgendeiner Weise benutzt zu werden. Das warf in ihr die Frage auf, ob es sein kann, dass er sich vielleicht seit damals, und noch immer, wie eine Geld verdienende Maschine vorkam?

Antonia kannte die Geschichte ihres Vaters und wusste von dem Muster aus seiner Kindheit. Er war der älteste von fünf Geschwistern und nach seinen Erzählungen durfte er nicht den Beruf erlernen, den er gerne lernen wollte. Er sollte eine Lehre als Einzelhandelskaufmann machen, um dann das Geschäft seiner Eltern zu übernehmen.

Doch hatte sich sein Vater, als es für ihn fast so weit war, das Geschäft zu übernehmen, anders entschieden und den Laden verkauft.

All diese Erinnerungen halfen Antonia, ihren Vater und seine Gefühle zu verstehen. Ihr war inzwischen warm ums Herz geworden und sie fühlte sich ihrem Vater auch schon näher.

Auch bei Emil hatte sie das Gefühl, dass er sich vielleicht ähnlich vorkam wie ihr Vater. Ihre Beziehung fühlte sich in gewisser Weise oft ähnlich an. Immer mal wieder etwas distanziert und oberflächlich. Vielleicht fühlte auch er sich nicht gesehen, nicht wichtig und kam sich benutzt vor?

Antonia rekapitulierte, was in ihr aufkam und hatte nun das Gefühl, allen beiden Männern inzwischen schon sehr viel nähergekommen zu sein.

Aber irgendetwas fehlt ihr dennoch. Es war Authentizität. Ihr fehlte die Echtheit. Jetzt wünschte sie sich den Mut für ein gutes, echtes und wahrhaftiges Verhältnis. Und zwar zu allen beiden. Für Echtheit und Wahrhaftigkeit gab es eindeutig noch Luft nach oben.

Dachte Antonia an ihren Vater, hatte sie das Gefühl, dass sie in Bezug auf Echtheit bisher so weit gekommen war, wie sie überhaupt kommen konnte. Aber vielleicht saß sie hier auch ihrem Ego auf und es war eine Ausrede, den nächsten Schritt in ihrem Leben nicht gehen zu müssen. Ihr Vater ist zwar schon über 80 Jahre alt und etwas vergesslich, aber Echtheit kann er dennoch mitbekommen und genießen. Und sicher würde er sich darüber freuen.

Antonia teilte diesen inneren Prozess mit Emil und Emil war ganz nah bei ihr. Er fühlte mit ihr und es tat ihm aufrichtig leid, dass sie sich ihrem Vater gegenüber so lange Zeit zurückgehalten hatte.

Sie war berührt und fühlte Emil ganz bei sich. Sie spürte, wie sehr sie ihn liebte – und gleichzeitig auch ihren Vater. Und wie schön war es gerade, zu wissen, dass sie noch Zeit hatte, bei ihrem Vater einiges wiedergutmachen zu können und ihm ganz natürlich und echt zu begegnen.

Emil widmet sich seinem Kunden

Für Emil war es wichtig, an der Beziehung zu dem Mann zu arbeiten, der ihn geschäftlich verklagt hatte. Er wollte aus seinem Opferdasein aussteigen und hatte seinen Widerstand zu dem Prozess schon aufgegeben.

Er war bereit, alles zu geben, was es brauchte. Er spürte aber immer noch, dass zu viel seiner Energie in diesen Prozess floss, die er viel lieber in seine Familie und in aktuelle Aufträge investieren wollte.

Er spürte gleichzeitig auch, dass er zuvor deutlich genervter war und völlig lustlos mit diesem Thema umging.

Emil hatte keine Ahnung, wie er hier etwas wiedergutmachen könne. Er stand dazu, einige Fehler gemacht zu haben, vor allem sich selbst gegenüber, und er hatte eingesehen, dass er durch sein schlampiges Verhalten, ebenfalls sich selbst gegenüber, dem Kläger die Möglichkeit geboten hatte, ihn überhaupt erst anzuklagen und auf ihn loszugehen. Wie war es doch gleich, unsere Wehrlosigkeit ist unser bester Schutz?

Weder damals noch heute fand Emil eine Gelegenheit, die Dinge mit ihm persönlich zu klären. Damals war es ihm energetisch gar nicht möglich, auf ihn zuzugehen. Und heute war der Kunde so sehr in seiner Abwehr gefangen und lehnte jegliche Mediation ab.

Er versuchte tiefer in sich hineinzuspüren, um an den Ort in sich zu gelangen, wo er den Kläger in sich finden konnte, um ihn noch besser verstehen und sich mit ihm verbinden zu können. Was Emil fühlen konnte, war, dass sich auch der Kläger von ihm, Emil, betrogen fühlte. Emil erinnerte sich, dass die Panik, die er damals spürte, als sein

Kunde anfing, sich zurückzuziehen und die Klage einreichte, genauso auch der Kläger fühlte.

Der Kläger fühlte sich von Emil sitzengelassen, verlassen und betrogen, wohl aufgrund der Rückzugsenergie von Emil. Denn Emil zog sich immer weiter zurück, weil er fürchtete, dass der Kläger ihn mit seinen immensen Forderungen genauso in den Ruin treiben würde, wie er es zuvor schon mit einigen anderen Kollegen von Emil getan hatte.

Emil bekam das Gefühl, dass diese Klage für seinen Kunden wohl der einzige Weg war, den sein Kunde für sich sah, so wie Emils einziger Ausweg aus der Situation der Rückzug war, und sich dann natürlich zu wehren.

Es gelang Emil, jetzt all das zu fühlen, und es tat ihm leid. Es tat ihm leid, dass er seinen Kunden dazu benutzt hatte, der Täter in dem Prozess zu sein, sodass er selbst das Opfer sein konnte. Und es tat ihm auch leid, dass er sich selbst dafür bestrafte, dass er sich für klein hielt. Es tat ihm auch leid, dass er seinen Kunden so schnell verurteilt hatte und so sich selbst mit verurteilt hatte.

Auf die Weise hatte er selbst die Distanz zwischen seinem Kunden und sich geschaffen. Ihm war nicht entgangen, dass sich, als er während der Gerichtsverhandlung zu sich und zu einigen seiner Fehler stand, die Energie im Raum änderte. Er spürte deutlich, dass sich der Richter, der Anwalt des Kunden sowie auch der Kunde selbst ihm zuwandten.

Das war schon mal ein gutes Gefühl. Emil fühlte sich stärker als vorher, als er noch im Widerstand war. Er bat den Kläger im Geiste um Verzeihung, dass er ihn praktisch dafür benutzt hatte, sich mit seinen Fähigkeiten zurückzuhalten und das Opfer zu sein. Dann fühlte er, wie es sich anfühlen würde, wenn sein Kunde ihm dafür vergeben würde. Dabei spürte er eine Milde, die zuvor nicht dagewesen war. Emil gewann in diesem achten Schritt an Vertrauen und Selbstvertrauen.

Clara geht diesen Schritt für mehr Nähe zu ihrem Mann

Clara versuchte, sich in diese Übung mit ihrem Mann hinein zu entspannen. Sie stellte ihren Mann erst einmal in ihrem Geiste vor sich auf, sah ihn an und sagte ihm, dass es ihr leid täte, dass sie ihn dafür benutzt hatte, sich zurückzuhalten, glücklich zu sein, gut drauf zu sein und zu strahlen. Als sie diesen Satz einige Male für sich wiederholte, konnte sie fühlen, wie sie die Distanz zwischen sich und ihrem Mann aufrechterhalten hatte, einfach nur dadurch, dass sie sich sehr oft Sorgen um ihn machte. Oft hatte sie Angst, er würde an Lungenkrebs oder Kehlkopfkrebs erkranken.

Ihr wurde bewusst, dass sie in den Momenten, in denen sie sich Sorgen machte, und das war meistens morgens, während er sehr lange und stark hustete, nicht bei sich war. Sie war mit ihrem Bewusstsein bei ihm und hielt ihn gefangen. Sie hatte weder Vertrauen in ihn noch in seine Fähigkeit, für sich selbst sorgen zu können, geschweige denn hatte sie Vertrauen in Gott. Sie hatte immer das Gefühl, dass hier irgendetwas getan werden muss.

Die Eingebung, die dann in Claras Bewusstsein auftauchte, haute sie fast vom Stuhl. Ihr wurde bewusst, wie sie sich durch ihre Sorge um seine Gesundheit sich genau das eingehandelt hatte, wovor sie fürchtete, dass ihr Mann daran erkranken könnte. Je stärker Clara diese Erkenntnis emotional spüren konnte, umso besser und leichter fühlte sie sich. Sie machte in ihrem Geiste den nächsten Schritt auf ihren Mann zu und bat ihn dann um Vergebung dafür, dass sie ihn benutzt hatte, sich zurückzuhalten. Clara versprach ihm, ihn nicht länger benutzen zu wollen. Jetzt konnte sie noch mehr Leichtigkeit spüren, und auch, dass er ihr sowieso schon vergeben hatte und wie sehr er sie liebte.

Schritt 9

Zelebrieren

Endlich! Wiedergutmachen, indem wir uns selbst genießen und uns selbst feiern. Hierfür lassen wir auch endlich all unsere Zwänge hinter uns und bringen Zuversicht auf, unsere Ziele zu erreichen. Wir sind bereit, unsere Vergangenheit hinter uns zu lassen und mutig unser wahres, unschuldiges und freies Selbst zu entfalten, während wir auf andere zugehen und ihnen unsere Wertschätzung entgegenbringen.

Dadurch, dass wir sie wertschätzen, finden wir uns im Frieden mit uns selbst und im Gefühl der Sicherheit wieder. Wir bringen uns so in die Lage, Dankbarkeit zu fühlen und zu schenken. Ein Ort, an dem wir keine Egofalle befürchten brauchen, denn in der Energie der Wertschätzung und der Dankbarkeit kann unser Ego nicht sein.

Clara findet Dankbarkeit für ihren Prozess

Als Clara von diesem neunten Schritt erfuhr, erinnerte sie sich an den Morgen des Tages nach der Biopsie, der Nachuntersuchung ihrer Brust. Sie hatte am Tag zuvor schon das Ergebnis bekommen und wusste, dass die Ärzte noch Krebszellen gefunden hatten. Clara dachte über ihr Leben nach und spürte in sich. Sie konnte sich an so viele schöne Momente in ihrem Leben erinnern. Selbst für die schweren und harten Zeiten konnte sie rückblickend Dankbarkeit empfinden.

Als sie sich in diesem Moment fragte, ob dies wohl ihr Ende ist, musste sie fast schon lachen. Es fühlte sich einfach absurd an. Auf der anderen Seite waren da dennoch Gefühle der Angst und der Sorge. Angst, alles könnte schon in kurzer Zeit zu Ende sein und dann die Sorge um ihre Kinder und ihren Mann. Aber etwas mehr Sorge um die Kinder. Wie würde es ihnen gehen, wenn sie jetzt gehen würde? Wie würden sie zurechtkommen? Clara gab sich auch diesem Gedanken und diesem Gefühl hin und spürte immer deutlicher, dass diese Richtung nicht stimmte. Es fühlte sich einfach falsch an. Es war nicht die Wahrheit. Das Gefühl, dass dies Teil des Prozesses ist, wurde deutlicher, klarer. Auch das Gefühl, dass der Prozess weitergeht, wurde immer kraftvoller und allmählich machte sich ein Gefühl der Zuversicht in ihr breit. Clara spürte neue Energie in sich aufsteigen und wusste plötzlich genau, dass sie auch hier durchkommen würde.

Und dafür war Clara so sehr dankbar, dass sie beides konnte – lachen und weinen.

Emily feiert ihre Freude

Emily hatte sich während ihrer letzten Schritte deutlich erholt. Es war ein schönes Gefühl für Emily, endlich genießen zu können, dass sie sich selbst mehr und mehr spürte.

Sie spürte ihre Kraft zu ihr zurückzukommen, ihre Ängste fingen an, sich zu verdünnisieren und ihr Leben fühlte sich allmählich auch wieder leichter an. Dafür war Emily unendlich dankbar.

Wie deutlich war inzwischen zu erkennen, dass ihre Ängste die Saat von all dem waren. Nun wollte sie endlich bereit sein, die Ernte ihres Prozesses zu empfangen und auszuleben. Je mehr Emily in diesen Zustand der Dankbarkeit hinein sank, entdeckte sie immer mehr, wofür sie noch Dankbarkeit spürte. Sie spürte auch Dankbarkeit für diesen Prozess, der sowohl für sie als auch für ihren Mann so schwer war. Sie war dankbar, dass sie erkennen konnte, wie co-abhängig sie war und dass sie durch das Loslassen ihrer Kontrolle anscheinend sie beide rettete.

Sie war unendlich dankbar dafür, dass ihr Mann überhaupt keinen Alkohol mehr trank, und miterleben zu dürfen, wie er sich erholte, stabiler und immer besser wurde. Sie fand ihn inzwischen sogar besser als zu Beginn ihrer Beziehung. Ihre Dankbarkeit wuchs weiter und mit ihr wuchs ihre Anerkennung und ihr Gefühl für den Wert all dessen, was sie in der letzten Zeit durchgemacht hatte. Sie konnte ihren Mann für so vieles wertschätzen. Sie war froh, dass er durch diesen Prozess gegangen ist, noch bei ihr war und von Tag zu Tag stärker und kraftvoller wurde. Und sie hatte jetzt am meisten Spaß daran, ihre Freude mit ihm zu teilen. In diesem Ausmaß, in dem sie sich freuen konnte, schwanden auch ihre Ängste. Und Ihre Fähigkeit, sich selbst, ihren Mann, den Prozess und das Leben zu genießen, nahm so zu, dass sie Lust auf mehr bekam. Lust auf mehr von all dieser positiven Energie. Emily fühlte sich inzwischen so sehr viel gehaltener und sicherer, sodass sie ihre Zweifel immer seltener besuchten und ihr Glaube, dass alles wieder gut wird, die Oberhand gewann.

Antonia feiert ihren nächsten Schritt mit Emil

Antonia hatte inzwischen verstanden, wie sie mindestens zwei Fliegen mit einer Klappe schlagen konnte und freute sich auf den neunten Schritt. Endlich Party!

Sie hatte kein Problem, etwas zu finden, wofür sie ihren Emil wertschätzen konnte, selbst zu dem Zeitpunkt nicht, während er ihr gerade nicht so gut gefiel. Denn irgendwie verhielt er sich ihr gegenüber im Moment sehr kontrollierend. Er wirkte unsicher.

Nach außen hin spottete er sogar über sie. Antonia stutzte über den Begriff spotten. Was für ein Wort! Gerade in dem Moment erinnerte sie sich, dass sie selbst vor kurzem auch dabei war, andere zu verspotten. Sie versuchte sich daran zu erinnern, wie sie sich dabei gefühlt hatte, als sie das tat. Unsicher. Sie erinnerte die Unsicherheit, ohne sie richtig zu fühlen. Die Unsicherheit schien spürbar, aber für Antonia nicht erreichbar. Irgendwie war das Gefühl noch gedeckelt. Antonia spürte weiter. Was sie nun spürte, war Dankbarkeit. Dankbarkeit, hier einen Schritt weitergekommen zu sein, Emil zu verstehen, Dankbarkeit, ihm vergeben zu können und Dankbarkeit, sich selbst für ihr Spotten vergeben zu können.

Das war schön. Antonia war happy über diesen Schritt, froh dass sie Emil hatte und mit ihm gemeinsam weiter ihre Schritte gehen konnte. Sie fühlte sich sehr viel sicherer. Sogar sicher genug, egal was kommen mag und was zwischen ihr und Emil noch auftauchen würde, meistern zu können.

Schritt 10

Nachspüren

Wir sind in unserer Mitte angekommen. Die letzten neun Schritte haben uns bis hierher gebracht. Auf Knien haben wir uns unsere Machtlosigkeit eingestanden, wir haben unseren Autoritätskonflikt aufgegeben und unseren Willen in Gottes Hände gelegt. Wir konnten uns und anderen vergeben, haben unsere Fehler anderen gegenüber eingestanden und auch sie in Gottes Hände gelegt und darum gebeten, sie zu beseitigen. Wir haben unsere Einstellungen geändert, haben uns bei den Menschen, die wir verletzt haben, entschuldigt und alles wiedergutgemacht. Und wir haben endlich angefangen, uns zu feiern. Wir kennen uns besser und wissen, wer wir sind.

Wir wollen in unserer Mitte und in unserer Verantwortung bleiben und unseren Emotionen vertrauen, die uns unseren Weg weisen.

Jetzt achten wir auf Feinheiten und spüren jeder kleinen Unruhe nach, folgen ihr, und wenn in uns das Bedürfnis aufkommt, in alte Muster zurückzufallen, vielleicht uns zu beschweren oder meckern zu wollen, beleidigt zu sein und uns schweigend zurückziehen zu wollen oder vielleicht sogar herablassend andere zu ignorieren, gestehen wir es uns sofort ein, sind bereit, Unrecht zu haben und entschuldigen uns bei unserem Gegenüber.

Und für den Fall eines drohenden Selbstangriffs, weil wir uns gerade dabei ertappen, dass wir uns schon wieder gehenlassen, erhöhen wir sofort unsere ›Upsi‹-Bereitschaft und vergeben uns selbst dafür, dass wir es schon wieder getan haben.

Sabine stellt die Ebenbürtigkeit zu ihrer Freundin wieder her

Okay, dachte sich Sabine, ich gebe ihr. Ich gebe Thea, was sie braucht. Sabine meinte, klar zu wissen, dass Thea Freundschaft braucht und das Gefühl, gesehen zu werden.

Während eines Chats ging Sabine ganz bewusst auf ihre Freundin ein und schenkte ihr das Gefühl, gesehen zu werden. Dennoch hatte Sabine das Gefühl, dass sich ihr Geben nicht ganz ebenbürtig anfühlte. Wenn sie ehrlich mit sich selbst war, musste sie sich eingestehen, dass es sich etwas von oben herab anfühlte.

Das war nicht ihr Ziel. Sabine versuchte es erneut. Sie versuchte, sich in Thea hineinzuversetzen und schrieb ihr weiter. Und siehe da, das Telefon klingelte. Es war Thea. Thea hatte nichts bemerkt. Jedenfalls hatte sie nichts gesagt. Sie freute sich sogar über das Gespräch. Sabine freute sich auch und obwohl das Gespräch sehr schön war, fühlte Sabine sich immer noch nicht so ganz wohl in ihrer Haut. Sie hatte immer noch das Gefühl, Thea überlegen zu sein und das hatte sie jetzt lange genug genossen.

Sabine wollte von ganzem Herzen ihr bestes Selbst sein, offen sein und sich so gerne authentisch und ganz geben.

Sich das noch einmal von ganzem Herzen zu wünschen, half ihr. Zusammen mit der Bereitschaft, Thea eine beste Freundin zu sein, konnte sie sich sehr schnell selbst dafür vergeben, dass sie ihre Freundin bisher von oben herab behandelte. Sie konnte sich nun sehr viel besser in Thea einfühlen. Es gelang ihr sogar, sich selbst in Thea wiederzuerkennen. Das war für Sabine das i-Tüpfelchen in dieser Beziehung. Dieser Schritt verzauberte sie total. Sie fühlte sich unbeschreiblich frei, leicht, geliebt und ja, großartig!

Damit hatte Sabine nicht gerechnet. Es gefiel ihr so gut, dass sie sich vornahm, noch weiter in sich zu forschen und Ausschau danach zu halten, wo sie sich noch nicht wirklich frei fühlte und Recht behalten wollte.

Clara erreicht endlich ihre Schwiegermutter

Als Clara an ihre Schwiegermutter dachte und in sich ging, um zu fühlen, wie sehr sie ihrer Schwiegermutter bisher wirklich vergeben konnte und auch wenn sich das Verhältnis zu ihr inzwischen rund anfühlte, war ihr sofort klar, dass es hier noch einiges zu vergeben gab. Lust hatte Clara keine, sie fühlte sich mit dem Thema Schwiegermutter einfach nur müde. Dennoch fragte sie sich, womit ihr Unwohlsein gegenüber ihrer Schwiegermutter zu tun hatte und spürte dann, dass hier noch immer ein Autoritätskonflikt im Gange war. So sehr sich Clara auch bemühte, sich gut mit ihrer Schwiegermutter zu fühlen, gut mit ihr zu sein, so sehr fühlte sie sich ihr immer noch überlegen und ihr gegenüber im Recht. Ihr kamen immer wieder Momente in den Sinn, in denen ihre Schwiegermutter einfach gemein zu ihr war, daran gab es nichts zu rütteln. Diese Momente waren einfach immer noch da. Zum Glück hatte sie noch nicht resigniert und spürte immer noch den Wunsch nach Versöhnung. ›Upsi‹, das hatte einen Beigeschmack. Sie konnte fühlen, dass dieser Wunsch nicht wirklich echt war, sondern sich eher aus der Angst heraus, wieder zwischen ihren Kindern und der Oma und ihrem Mann und seiner Mutter zu stehen. Und auch aus der Angst heraus, wieder krank zu werden, obwohl sie wusste, dass das nicht funktionierte.

Auch ihr ›Upsi‹, die Erkenntnis, dass sie noch immer dort feststeckte, fühlte sich müde und schlapp an.

Am liebsten hätte Clara sofort aufgehört, in sich zu forschen und weiter zu fühlen. Ihr war schlecht. Sie fühlte sich ohnmächtig und ja, auch schuldig. Sie fühlte, wie diese Schuld sie herunterzog und immer schwerer wurde. Diese Schwere war kaum auszuhalten. Und nun kam auch noch Verzweiflung auf.

Eine Weile ließ Clara diese Gefühle zu, bis ihr dann plötzlich gewahr wurde, dass es ihrer Schwiegermutter genau so ging wie ihr. Verzweiflung hatte sie ganz sicher immer gefühlt – und auch die Ohnmacht.

Und wie hätte ihre Schwiegermutter mit all diesen Gefühlen umgehen können, wenn sie selbst daran verzweifelte?

Clara begann sich leichter zu fühlen. Zumindest fühlte sie sich ihrer Schwiegermutter jetzt ebenbürtiger. Sie entschied sich, zusammen mit ihrer Schwiegermutter eine Schicht weiterzukommen und fragte sich, was sie sich von ihrer Schwiegermutter wünschen würde. Die Antwort ließ nicht lange auf sich warten. Sie brauchte ihre Akzeptanz, sie brauchte Verständnis und Freundschaft. Clara war bereit, ihr all das geben zu wollen und wünschte sich zusätzlich für sich und für ihre Schwiegermutter Gnade.

Das tat gut. Und es ging ganz schnell. Clara war zurück in ihrer Mitte. Es ging ihr gut. Sie fühlte sich, als wäre sie ein Stückchen gewachsen.

Paula und ihr Mann schaffen es erneut durch die tote Zone

Paula lag abends im Bett neben ihrem Mann und spürte wieder einmal diese Totheit. Wieder so eine Nacht, in der nichts los war. Er schlief schon, wie so oft. Und sie wünschte sich so sehr mehr Nähe und mehr Intimität. Verantwortlich für das Abhängen in der toten Zone war für Paula eher ihr Mann. Er war derjenige, der viel arbeitete und abends dann natürlich müde war. Natürlich trug auch sie ihren Teil dazu bei, denn auch sie hatte keine große Lust, auf ihren Mann zuzugehen und Leben in die Beziehung zu bringen. Noch dazu hatte sie keinen blassen Schimmer, wie sie ihn erreichen könnte. Wie oft waren sie schon in dieser Phase in ihrem gemeinsamen Leben und jedes Mal ist es ihnen gelungen, dort wieder herauszukommen. Und dennoch sind sie schon wieder hier drinnen gelandet. Es fühlte sich nicht gerade so an, als würde es von Mal zu Mal leichter, durch diese Phase hindurchzukommen. Schon gar nicht jetzt, nach mittlerweile 30 Ehejahren. Ja, und sexy fühlte sie sich auch nicht.

So schön auch die Zeiten waren, in denen sich ihre Beziehung und das gemeinsame Leben richtig lebendig anfühlten und Paula sich überhaupt nicht vorstellen konnte, ihren Mann nicht erreichen zu können, umso aussichtsloser fühlte es sich jetzt, in diesem Moment, an.

Paula ging diesem Druckgefühl nach, aus der toten Zone herauskommen zu müssen. Aber alles, was sie spürte war, dass dieser Druck sie eher noch weiter in die tote Zone trieb. Okay, Stopp, sie wollte hier anhalten und erst einmal fühlen, was es hier außer Totheit noch zu fühlen gibt.

Paula fühlte sich allein gelassen und sie war wütend darüber, wütend auf ihren Mann. Sie sank tiefer in sich hinein und erinnerte sich dabei an die Zeit, als ihre Eltern sich haben scheiden lassen. Diese Gefühle waren schon so lange und noch immer in ihr vergraben. Auch jetzt war sie sich nicht sicher, ob sie sie fühlen wollte. Sie hatte Angst. Und andererseits wollte sie diese unendliche Traurigkeit, das Gefühl eines zerplatzten Traumes, den Scherbenhaufen ihres Lebens, die Machtlosigkeit und das Alleinsein fühlen. Dadurch, dass sie sich den Emotionen stellte, wurde sie etwas ruhiger und sie fühlte sich wieder etwas mehr in ihrer Mitte angekommen. Sie konnte allmählich auch wieder ihren Mann spüren.

Paula fragte sich, was er jetzt wohl braucht. Ihm geht es jetzt sicherlich ähnlich.

Auch das war nichts Neues für Paula, das Gefühl, dass er sie braucht. Dass er einfach mehr die wahre Paula braucht. Paula tauchte erneut in sich hinab und suchte den oder die Orte, an denen sie sich hat gehenlassen. Als sie beispielsweise nicht loskam von ihrem Sudoku-Spiel auf dem Handy. Dieser Gefühlscocktail reichte Paula, um sich motiviert und genug zu fühlen, sich endlich wieder vollkommen auf ihre Gaben zu konzentrieren und sich ihnen hinzugeben, anstatt sich weiterhin gehenzulassen. Sie hatte verstanden, was alles auf dem Spiel steht.

Schritt 11

Zentrieren

Mit diesem elften Schritt gehen wir endlich in Führung. Er geleitet uns raus aus unserer Verwirrung. Wir werden klarer und bereiter, unsere eigene Wahrheit und das, was uns wirklich ausmacht, zu leben.

Wir richten unsere Aufmerksamkeit nach innen, bitten um Führung und sind bereit, in Führung zu SEIN. Sind wir in Führung, folgen wir der Stimme unseres höheren Selbst, die aus unserem Herzen zu uns spricht und uns von hier aus leitet. Wir treffen unsere Entscheidungen aus unserer Freude heraus, endlich unser bestes Selbst zu leben und befreien uns so aus unserem Opferdasein. Endlich drehen wir den Spieß um und erlauben uns, uns selbst zu genießen, und unserem Ego und unserem Körper, für uns da zu sein, uns zu dienen.

Wir freuen uns darauf, diese unsere neue, höhere Art und Weise des Seins mit all unseren Qualitäten und Gaben, die wir aus unseren Niederlagen geboren haben, zu leben und freuen uns auf all die Hilferufe, gerade auch auf solche, die als Angriff getarnt sind, einzugehen.

Ulla möchte auf den Hilferuf ihrer Freundin eingehen

Ulla verspürte in der letzten Zeit keine Lust mehr, sich mit ihrer Freundin zu treffen. Sie hatte das Gefühl, ihre Freundin nicht erreichen zu können. Ihre Freundin hörte ihr schon seit langem so gut wie gar nicht mehr zu, sodass Ulla auch schon gar nichts mehr erzählen wollte.

Ulla fühlte sich weit entfernt davon, sich über diese Art von Hilferuf zu freuen. Schon beim Nachspüren hatte sie gemerkt, dass sie ihrer Freundin noch nicht alles gegeben hatte und ihr war auch klar, dass sich ihr Ego hier in den Vordergrund gespielt hat. Einerseits wollte sie ihr geben und für sie da sein, aber andererseits auch wieder nicht.

Ihrer Freundin ging es schon seit längerer Zeit nicht gut. Am Anfang war es noch einfach, sie zu unterstützen, und es tat ihr gut, sich um sie kümmern zu können. Aber in der letzten Zeit fand Ulla es nur noch anstrengend. Wie oft hatte sie in den letzten Wochen versucht, sie zu erreichen. Nichts hat funktioniert. Sie war einfach zu.

Ulla wollte ehrlich zu sich selbst sein und forschte weiter in sich nach.

Auf einer gewissen Ebene wusste sie, wie es ihrer Freundin ging, und sie wusste auch, dass der Ort, an dem ihre Freundin sich gerade befand, ein Platz ist, an dem Ulla überhaupt nicht sein wollte.

Ulla erinnerte sich an das Prinzip, jemandem zu helfen, dem es schlechter geht als einem selbst, und gab sich einen Ruck. Sie verband sich mit ihrer Freundin und spürte tiefer in sie hinein.

Sie fühlte sich allein. Einsam. Und sie fühlte sich bedürftig. Wollte Nähe und hatte gleichzeitig große Angst vor Nähe.

Ulla bat den Himmel um Führung und fühlte sich weiter und tiefer in ihre Freundin ein.

Dabei erinnerte sich Ulla an sich selbst. Auch sie fand sich schon oft an diesen inneren, dunklen Orten wieder, an denen sich ihre Freundin gerade aufhalten musste, und kannte dieses Gefühl des Alleingelassenseins zusammen mit der Unsicherheit, der Angst und gleichzeitig dem unangenehmen Gefühl, es sich auch noch einzugestehen, dass es ihr trotz langer und vieler inneren Arbeit hin und wieder so ging.

Ulla kapitulierte.

In diesem Moment musste Ulla an eine andere Freundin denken. Es kam ihr verrückt vor und ihr wurde ganz heiß und übel zugleich. Denn ihr wurde bewusst, dass sie sich dieser anderen Freundin gegenüber genau so fühlt, wie ihre Freundin sich ihr gegenüber fühlen musste. Ertappt, klein und bedürftig. Jetzt war sie diejenige, die angreift.

Spätestens in diesem Moment war Ulla so weit. Sie fühlte sich wieder leichter und motiviert, auf ihre Freundin zuzugehen. Das nächste Telefongespräch war entspannter und Ulla hatte seit langem wieder das Gefühl, dass sie sich nähergekommen waren. Jetzt verspürte sie auch wieder den Wunsch, sich mit ihrer Freundin zu treffen und für sie da zu sein. Endlich war es kein MUSS mehr für sie.

Clara bereitet sich auf die Hilferufe ihrer Schwiegermutter vor

Clara hatte ihren Schutzschild abgelegt, fürchtete sich dennoch vor den Hilferufen ihrer Schwiegermutter. Es waren ja immer viele. Viele Angriffe. Und es war so, dass egal, was Clara und ihr Mann ihr gaben, es nie genug war.

Sie fühlten sich beide überfordert mit ihrer Bedürftigkeit, aber wenn Clara sich fragte, wen es in ihrem Leben gibt, der oder dem es schlechter ging als ihr, erschien ihr als Antwort immer: ihrer Schwiegermutter.

Also konzentrierte Clara sich darauf, ihrer Schwiegermutter zu geben, nichts zurückzuhalten und auch nicht ihre eigenen Bedürfnisse. Diese bewusste Entscheidung fühlte sich gut an. Sie brauchte weiterhin ihre ehrliche und offene Kommunikation mit ihrer Schwiegermutter. Es braucht ihren Wunsch, auf all die Hilferufe ihrer Schwiegermutter eingehen zu können. Und sie brauchte noch Selbstvergebung, sie hatte doch noch einige Urteile über ihre Schwiegermutter. Diese Gedanken öffneten ein Fenster mit Aussicht auf Erfolg, denn die Bereitschaft war da. Claras Verfassung besserte sich.

Sie kapitulierte noch einmal vor ihrem eigenen Willen und ließ ihre Idee, wie die Beziehung zu ihrer Schwiegermutter sein sollte, los. Sie bat um Hilfe und um Führung. Vergab ihrer Schwiegermutter dafür, dass sie ein Fass ohne Boden war und anscheinend nicht bereit, aufzuhören nach Hilfe zu schreien. Und ja, jetzt kam ihr eine Erkenntnis. Clara wurde gerade bewusst, dass ihre Schwiegermutter für sie und ihren Mann ein Fass ohne Boden ist, weil sie, Clara, selbst ein Fass ohne Boden ist und immer noch ohne Ende von sich selbst forderte. Ihre Schwiegermutter zeigte ihr gerade, wie sie die ganzen

Jahre über immer wieder mit sich selbst umgegangen ist. Noch einmal vergab sich Clara selbst dafür und bat auch in ihrem Geiste ihre Schwiegermutter erneut um Vergebung, dass sie sie benutzt hatte, um sich zurückzuhalten.

Plötzlich hatte Clara das Gefühl, sich den Bauch halten zu müssen. Sie musste so lachen. Einfach laut loslachen.

Was sie jetzt diese große Erleichterung spüren ließ, war die Erkenntnis, dass sie immer noch das Fass war. War sie doch immer noch dabei, von sich zu verlangen, dass sie die perfekte Schwiegertochter ist.

Clara war so selig. Sie konnte einfach nicht aufhören, über sich selbst zu lachen. Sie fühlte so viel Gnade und freute sich so sehr, dass sie endlich spürte, dass sie diese Egofalle bereits verlassen hatte.

Carmen begegnet nach langer Zeit ihrer Freundin wieder

Als Carmen ihre Freundin in ihre Richtung kommen sah, stockte ihr der Atem. Oh je, schaffe ich es, in meiner Mitte zu sein, wenn sie mich entdeckt?

Carmen war nicht allein. Ihr Mann und einige Freunde waren bei ihr. Es sah erst so aus, als würde ihre Freundin sie gar nicht sehen und an ihr vorbeigehen. Trotz ihres stockenden Atems und ihrer Zweifel sich selbst gegenüber, spürte Carmen Freude, ihre Freundin zu sehen, und grüßte sie fröhlich. Da erhellte sich auch die Miene ihrer Freundin. Sie kam auf sie zu. Entgegen ihren Befürchtungen war es einfach, ihre Freundin in den Arm zu nehmen und ein paar Worte mit ihr zu wechseln. Carmen war sehr froh, dass dieses warme, freundschaftliche Gefühl echt war.

Dann, nach einem kurzen Augenblick, nahm ihre Freundin die Gelegenheit wahr und schlug vor, mit ihr gemeinsam an einem Projekt zu arbeiten.

Carmen stutzte, denn damit hatte sie nicht gerechnet und es fühlte sich auch nicht gut an.

Sie erinnerte sich an ihre damaligen gemeinsamen Projekte und diese hatten in ihrer Erinnerung noch immer einen faden Beigeschmack. Hatte sie ihr nicht genug vergeben?

Carmen ging ihren Gefühlen nach und beschäftigte sich noch einige Nächte mit ihnen. Sie ging auch alle 10 Schritte noch einmal mit ihrer Freundin durch. Sehr gerne wollte sie sich mit ihrer Freundin auf diesem elften Schritt wiederfinden. Carmen kapitulierte, bat um Führung und sagte noch einmal »Ja« zu ihrer Freundin. Dieses Mal fühlte es sich schon leichter an als beim letzten Mal und es war dieses Mal auch leichter, ihr zu vergeben. Ein schön entspanntes Gefühl.

Trotz alledem hatte sie noch immer keine Lust, mit ihr an einem gemeinsamen Projekt zu arbeiten. Daraufhin übernahm sie die Verantwortung für ihre Unlust und legte sie zusammen mit ihrer Freundin in Gottes Hände. Ihre Unlust und das Loslassen ihrer Freundin brachte noch mehr Leichtigkeit. Mit ihrem aufrichtigen Wunsch, echt, offen und erreichbar zu sein und ihre Freundin unterstützen zu wollen, ohne sich zu verbiegen, fühlte Carmen sich jetzt endlich völlig frei.

Einige Tage später stand ein anderes Businesstreffen für Carmen an. Carmen fühlte sich leicht, frei, stark und unerschütterlich, hatte sie doch in der letzten Zeit gut an sich gearbeitet. Sie freute sich sogar auf dieses Business Date, bei dem es auch um eine Partnerschaft ging. Dass sie sich auf so einen Termin freute, das hatte es noch nie gegeben. Normalerweise hatte Carmen immer ein Urteil in Bezug auf Businessleute und gerade auf Businessmänner. Hatte sie sie doch meistens Frauen gegenüber herablassend und geringschätzend erlebt. So hatte sie es sich angewöhnt, gut für sich zu sorgen und alle Punkte genau abzuklopfen, von denen sie der Meinung war, sie entweder nicht oder anders haben zu wollen. Sie tat es jedes Mal wieder und jedes Mal hatte es nichts genützt. Ihre Unsicherheit war geblieben.

Auch jetzt ging es darum, wichtige Punkte zu besprechen, die die gemeinsame Arbeit fundierten. Nur war ihr Gefühl dieses Mal so anders, so offen, dass sie ganz locker und frei zu diesem Termin fahren konnte. Sie war so bei sich und hatte alle Widerstände beiseitegelegt, sodass sie das Gefühl begleitete, absolut niemand könne sie verletzen oder ihr in irgendeiner Form Schwierigkeiten bereiten, außer sie selbst. Carmen war offen und bereit, alles anzunehmen, was kommt.

Das Ergebnis war, dass dieses Gespräch mit dem neuen Partner leicht und angenehm war. Sie war bereit, in Führung zu sein und ihrer inneren Stimme ihres höheren Selbst zu folgen. Zusammen mit der Erinnerung daran, dass jeder Angriff ein Hilferuf ist, fühlte sie sich in dem Moment einfach unverletzlich.

Schritt 12

Unseren Platz einnehmen

Schritt 12 ist der wohl schönste Schritt von allen. Durch unsere Arbeit an uns während der letzten 11 Schritte haben wir viele Schichten, unter denen unser Herz, unsere Essenz mit unseren Gaben und Talenten verborgen lagen, lösen können, um endlich ganz offen und präsent zu sein. Wir haben erkannt, dass es nicht nötig ist, Opfer zu bringen. Im Gegenteil, jedes Mal, wenn wir Opfer bringen, opfern wir etwas von uns selbst und sind nicht mehr vollständig, sind nicht mehr ganz und können uns so auch nicht ganz geben.

Wir haben eine neue Einstellung entwickelt und sind neugierig auf diese neue Richtung und auf die neue Beziehungsebene, auf die wir uns gebracht haben. Mit unserer Bereitschaft, nichts mehr zurückzuhalten und unsere Rollen, unsere Kompensationen und auch unsere Kontrolle loszulassen, können wir auch in dem Ausmaß unsere innere Führung wahrnehmen und zu dem erwachen, wer wir wirklich sind, zu unserem wahren Selbst. Wir wollen endlich unsere Schöpfermacht mit Liebe in Besitz nehmen und zu unserem Besten und zum Wohle Anderer und der Welt anwenden.

Clara sagt »Nein« zu ihrer Schwiegermutter

Es war eine große Herausforderung für Clara, »Nein« zu ihrer Schwiegermutter zu sagen. Am liebsten hätte sie sich verkrümelt, aber es gab kein Zurück mehr. Sie wusste, dass dieser Schritt ansteht. Clara hatte erkannt, dass es an der Zeit war, diese Herausforderung, bei der es um ihre Schwiegermutter ging, anzunehmen. Denn auch ihre Töchter standen vor einer Herausforderung in ihrem Leben. Würde Clara die ihrige jetzt nicht annehmen, würde sie ein Opfer ihres Lebens, ihrer selbst, bleiben. Auch spürte sie, dass dies ihr Platz war, den es endlich einzunehmen galt, und dass diese Herausforderung selbst bei einer Niederlage sie einen Schritt weiterbringen würde.

Sie spürte auch, dass sie eigentlich schon vor sehr langer Zeit »Ja« zu diesem Schritt gesagt hatte. Nur hatte Clara das all die Jahre zuvor nicht klar erkennen können, selbst dann nicht, als ihre Schwiegermutter immer wieder ihre Grenzen überschritt. Schließlich war sie ja auch schon älter, und wer weiß, wie lange sie noch bei ihnen sein würde.

Für Clara war das immer wieder Grund genug, sich zurückzuhalten.

Ihr Herz klopfte wie verrückt, sodass sie überlegte, einen Arzt aufzusuchen. Aber es war Freitagnachmittag und keine Arztpraxis mehr offen. Also gab es tatsächlich keine offene Hintertür mehr.

Nun, was soll's. Im Grunde wusste Clara, dass all die Jahre, mit den Erfahrungen mit ihrer Schwiegermutter, sie bis hierher gebracht hatten. Und Clara entschied sich, dem Prozess zu vertrauen.

Sie nahm sich ein Herz und sprach es aus. Sie sagte »Nein« zu ihrer Schwiegermutter.

Wow, das war alles andere als einfach und natürlich nahm ihre Schwiegermutter ihr Nein nicht einfach so hin. Ihre Schwiegermutter sprang förmlich ruckzuck in ihr Opfertal, machte Clara zur Täterin und wütete von dort aus. Und das gelang ihr sogar. Clara fühlte sich schlecht und begann, sich selbst Vorwürfe zu machen, es nicht besser rübergebracht zu haben. Glücklicherweise nur für einen kurzen Moment. Nur so lange, bis Clara sich erinnerte, dass dies eine nächste Falle ist. Sie ist diesen Schritt gegangen. Der Anfang ist gemacht. Sie kann jetzt weiterwachsen und ihre nächsten Schritte gehen. Und auch Claras Mann war froh, dass Clara diesen Schritt gegangen ist. Sie hat damit auch ihn aus der Opfer-Täter-Beziehung befreit und er war mindestens genau so müde, dem Ego seiner Mutter zu entsprechen.

Emil zaubert ein Wunder

Emil hatte erst bemerkt, dass dieser neue Kunde sehr anspruchsvoll und schwierig ist, nachdem er den Vertrag mit ihm unterschrieben hatte. Er raufte sich die Haare. Das kann ja heiter werden, dachte er sich, denn für diesen Kunden war es fast unmöglich, es ihm recht zu machen. Seine Vorstellungen waren einfach nicht umsetzbar und um ihm das klarzumachen, brauchte Emil eine sehr selbstbewusste Haltung.

Und dann, nach den ersten Arbeiten, traute Emil seinen Augen nicht, als er seinen Kunden sah, wie er mit einer Lupe seine Arbeit inspizierte.

Emil fühlte sich kontrolliert und erinnerte sich natürlich an den Kunden, der ihn damals verklagt hatte. Er hatte große Angst, dass auch dieser Kunde unendlich nach Fehlern suchen würde.

Dieses Kontrollthema kannte Emil aus seiner Kindheit. Wie sehr hatte er es gehasst, wenn seine Mutter ständig kontrolliert hatte, wie er sich anzog. Und dann waren da noch all die Schichten, durch die er mit Antonia gegangen ist, immer wenn er sich von ihr kontrolliert fühlte.

Nun war es zu spät, etwas zu ändern. Emil hatte den Vertrag unterschrieben und wollte das Beste daraus machen.

Ein Widerstand wäre ohnehin zwecklos.

Er nahm sich vor, sich dieser Herausforderung ganz bewusst zu stellen, sich voll und ganz auf diesen Kunden einzustellen und ihm mindestens hundert Prozent seiner Aufmerksamkeit und seiner Arbeit zu geben – und noch etwas mehr. Emil hatte durch den Prozess mit dem anderen Kunden gelernt und war bereit, all seine aufkommenden Emotionen zu fühlen und dabeizubleiben. Schaden kann es ja nicht. Im Gegenteil! Es würde ihn auch in seiner Beziehung mit Antonia weiterbringen.

Und so war es. Antonia staunte, sie bewunderte ihn, wie er ruhig blieb und sich dem Kunden hingab. Natürlich gab es Schwierigkeiten und wie es immer so ist, wenn man alles ganz besonders gut machen möchte, machte Emil auch einen größeren Fehler. Er sprach mit Antonia darüber. Sie hatten beide aus dem anderen Prozess gelernt, übernahmen die volle Verantwortung und waren bereit, alles und noch mehr dafür zu geben, um diesen Fehler zu beheben.

Es war wie ein Wunder, als dann der Kunde selbst eine Idee zur Fehlerbehebung hatte, die ihm gefiel und sogar sehr viel günstiger war als Emils Vorschlag, nur nicht so akkurat.

Antonia fühlt sich geliebt

Antonia hielt inne. Ihr wurde bewusst, dass sie ihr Leben gerade sehr genoss.

Genauso muss es sich anfühlen, dachte sie. Sie hat ihren Platz eingenommen. Antonia konnte nicht anders. Sie musste lächeln. Es lag nicht nur daran, dass es ihr Geburtstag war und ihr Mann ihr tolle Geschenke gemacht und all ihre engsten Freunde in ein schönes Restaurant eingeladen hatte.

Etwas war anders als sonst, wenn Antonia ihr Leben genoss und sich verwöhnt und geliebt fühlt.

Sie sann nach. Antonia brauchte eine kleine Weile, bis sie darauf kam, was sie so gut mit sich selbst fühlen ließ.

Es war die Abwesenheit ihrer Ängste. Ihre Ängste um ihre Altersversorgung und ihre Ängste um Emil und ihre Kinder. Hauptsächlich belasteten sie in der letzten Zeit ihre Ängste um ihre Altersversorgung. Seit dem Bankrott war Antonia so sehr daran gewöhnt, mit diesen Ängsten zu sein, dass sie sie als ganz natürlich wahrnahm und sich ihr Leben, ohne diese Ängste, gar nicht mehr vorstellen konnte.

Ihr wurde bewusst, dass ständig irgendwo Gedanken zu diesem Thema bei ihr im Hintergrund liefen, nach denen sie auch ihre Entscheidungen im Leben traf.

Wie cool war jetzt dieses Gefühl, so schön frei und unbekümmert einfach zu sein und das Leben zu genießen. Sie fühlte sich so glücklich und dieses Gefühl war für Antonia so neu, dass sie, gerade wo sie es so sehr genoss, Angst bekam, aus dieser schönen Energie zu fallen. Und kaum nahm Antonia diese Angst wahr, war sie auch schon draußen aus ihrer neu gewonnen Freiheit, aus der Leichtigkeit und ihrem Glücksgefühl. Die Angst hatte sie wieder im Griff. Sie hatte Angst, doch ewig in ihrem alten, gewohnten Dasein abhängen zu müssen. Oh, da war es wieder. Das Wort ›müssen‹! Der Begriff aus der Opferfalle.

Die Erinnerung tat gerade gut. Antonia holte tief Luft und bat inständig um Hilfe, auch diese Angst loslassen zu können.

Okay. Sie konnte nicht anders und musste lächeln. Es funktionierte. Wie schön! Antonias Genussfähigkeit hielt an und das schönste Geschenk bekam sie Tage später, als sie hörte, dass sie einer lieben Freundin, die noch etwas tiefer in dieser Angst steckte, Mut gemacht hatte.

Literaturverzeichnis

Anonyme Alkoholiker (2007) *Zwölf Schritte und Zwölf Traditionen,*
12. Auflage, Anonyme Alkoholiker Interessengemeinschaft e.V.
www.anonyme-alkoholiker.de

Ein Kurs in Wundern, 5. Auflage, Greuthof Verlag und Vertrieb GmbH, Gutach
i.Br., Deutschland, 2001